民阅读书架【双色版】

姓氏

冯慧娟◎主编

辽宁美术出版社

图书在版编目（CIP）数据

姓氏 / 冯慧娟主编 . — 沈阳 : 辽宁美术出版社，
2017.12（2019.6 重印）

（全民阅读书架）

ISBN 978-7-5314-7867-6

Ⅰ . ①姓… Ⅱ . ①冯… Ⅲ . ①姓氏—中国—通俗读物
Ⅳ . ① K810.2-49

中国版本图书馆 CIP 数据核字 (2017) 第 310816 号

出 版 社 : 辽宁美术出版社
地　　　址 : 沈阳市和平区民族北街 29 号　邮编 : 110001
发 行 者 : 辽宁美术出版社
印 刷 者 : 北京一鑫印务有限责任公司
开　　　本 : 787mm×1092mm　1/32
印　　　张 : 5
字　　　数 : 100 千字
出版时间 : 2017 年 12 月第 1 版
印刷时间 : 2019 年 6 月第 5 次印刷
责任编辑 : 申虹霓
装帧设计 : 新华智品
责任校对 : 郝　刚
ISBN 978-7-5314-7867-6

定　　　价 : 29.80 元

邮购部电话 : 024-83833008
E-mail : lnmscbs@163.com
http : //www.lnmscbs.cn
图书如有印装质量问题请与出版部联系调换
出版部电话 : 024-23835227

　　"您贵姓？"——姓氏是中国人初次见面时必问的问题。那么，我们为什么如此注重姓氏呢？其实，这不仅是世代承袭的习惯使然，更体现了中华文化的某种特质。

　　中国是世界上最早使用姓氏的国家，大约在五千年前，就有了姓。寻根溯源，很多姓氏的根都可以上溯到人文始祖黄帝与炎帝，也正因此中国人都称自己为炎黄子孙。从这个意义上讲，姓氏可以说是联系全球华人的重要纽带。

　　在中国，姓氏不仅代表了血缘关系看得见的传承，更是一门深奥学问。对于个体而言，姓氏是祖宗所赐，尊重姓氏便是尊重祖宗和自己；对于家族而言，姓氏是凝聚族人的最重要力量；而对于全体中国人而言，姓氏不仅仅是一种符号，更是一种代代相传的文化徽章。

　　"我是谁？我来自何方？"这是古希腊哲学家苏格拉底的千古诘问。如果他是中国人，也许这本书能够在一定程度上回答他这个艰深的问题。

姓氏

目录

姓氏

〇〇一

目录

目录

姓氏

目录

姓氏

姓氏的起源

姓氏的起源

姓氏，是姓与氏的合称。上古时代，姓与氏是两个完全不同的概念。姓是区分氏族的标志性符号，氏则是由姓派生而出的。春秋战国时期，姓、氏开始混用，秦汉时姓、氏合二为一，不再区分。由于姓氏包含着丰富的社会文化内容，自产生以来就很受人们的重视。

从图腾到炎黄子孙——姓的起源

一个字就是一幅画

我国有姓氏的历史大概可追溯到五千年以上。那么，姓氏究竟由何而来？目前，绝大多数人认为，姓氏源于母系氏族社会的图腾崇拜。

"图腾"一词，是印第安语，原义为"他的亲族"。远古时期，人们认为每个氏族均起源于某种动、植物或自然物象，如：日月星辰、山川岩石、风云雷电、花草树木、龙凤虎豹、牛羊犬马、禽鸟虫蚁……该氏族的始祖母与之接触、感应，便衍生了后代。所以，图腾物就是一个氏族的祖先，是氏族成员共同膜拜的保护神。人们依此来辨认血缘氏系及亲属关系。因此，可以说，图腾物就是一个氏族共有的姓源。

在近年来考古发掘的成果中，也不乏姓氏源于母系氏族社会图腾崇拜的例证。如马家窑文化的彩陶器上绘有鸟、蛙的图像；仰韶文化的彩陶器上，除鱼、鸟、鹿、蛙等图像外，还有人面兽身、人首虫身等图像。这些均可能是当时氏族的图腾，即原始的"姓"标志。在已发现的殷商甲骨卜辞中，也可以辨认出二百多个有"图腾"意义的族名。郭沫若在其《甲骨文字研究》中也曾说："卜辞中'风'字作'凤'，盖古代神话以太风为大风神……古有凤姓之国，春秋时有任、宿、须、句、颛、臾皆凤姓。古云，伏羲氏之胤，其实乃以凤为图腾之古民族也。"

鉴于以上种种，当代著名学者李玄伯先生在其《中国古代社会新研》中指出，古姓源于图腾："姓即图腾的结果，在文字内尚能看见种种遗迹。凤——凤姓之图腾，羊——姜姓之图腾，鸟——嬴姓之图腾。祝融八姓：蛇——（巳）姓之图腾，龙——董姓之图腾，鼓——彭姓之图腾，虫——云姓之图腾，枣——曹姓之图腾。"由此我们可以说，每一个姓氏之字都是一幅画，从中可以窥出上古时代中国姓氏源起的端倪。

女娲与伏羲的约定 ::::::::::::::::::::::::

许慎《说文解字》中有："姓，人所生也，从女、生，生亦声。"《左传·隐公八年》中有："天子建德，因生以赐姓。"班固《白虎通德论》也说："姓者，生也，人禀天气所以生者也。"这都说出了"姓"的本义是"生"。因此人们普遍认为，姓最初是代表有共同血缘、血统、血族关系的种族称号，简称族号。作为

女娲与伏羲交尾图

族号，它不是个别人或个别家庭的，而是整个氏族部落的称号。

据文献记载，我们的祖先最初使用姓的目的是为了"别婚姻""别种族"。也就是说，姓作为氏族的标志和徽号，其功能就在于维持这一"同姓"全体成员共同世系，借以把不同血缘的氏族区别开来。

关于以姓"别婚姻"，古代还有一个传说：

据传，华胥氏是中国上古时期母系氏族部落的一位杰出女首领。《春秋世谱》中就有"华胥生男名伏羲，生女名女娲"的记载。传说华胥氏族的成员在一次大水灾中，遭受了灭顶之灾，只有伏羲、女娲两兄妹，因为坐在葫芦里，漂到了蓝田临潼交接的一座山上，才幸免于难。于是，这个世界就剩下他们两个人了。为了人类延续，他们决定结为夫妻。在结婚前，他们对天发誓说：若苍天允许我们兄妹结为夫妻，繁衍人类，四山之烟聚而滚磨合。发完誓，他们两个人把磨石推下沟去。这时只见四山之烟果然聚合，再看磨石也紧紧地合在一起，于是两人决定结为夫妻。不过，女娲嫁给伏羲之前，和伏羲定下了后世人通婚的三个条件：第一个条件是正姓氏；第二个条件是要有媒妁；第三个条件是男方向女方行聘礼。

"正姓氏"即"正姓""正氏"。"正姓"，即正人的天性，废群婚、乱婚，同姓不能结婚。大概，尽管他们出于无奈相结合，但也认识到同一个祖宗、有着同血缘关系的人不应结婚的道理，故规定"同姓不能结婚"。"正氏"，则是废男随女，正男子，女随男，在适于人类生存的高地上生生不息。

女娲正姓氏系为传说，不足为信，但至少反映了传说中伏羲时代的一些社会情况：此时人们已有定姓氏的要求，姓以母亲血缘为准，氏与父系相关。先言姓，后说及氏，因此可以推断此时大概是母系社会向父系社会过渡的时期。而此时期社会正从重"姓"向重"氏"方向发展。

土地分封制度下的产物——氏

轩辕氏与神农氏 ∷∷∷∷∷∷∷∷∷∷∷∷∷∷∷∷∷∷∷∷∷∷∷∷∷∷∷∷∷∷∷∷

伏羲、女娲结婚后，生子少典。少典与有蟜氏之女附宝结合，附宝在大野中见雷电绕北斗枢星，感而有孕，生黄帝于姬水（今陕西延安黄陵县沮水河）之畔，育于轩辕之丘，故以姬为姓、轩辕为氏。黄帝轩辕氏后来一统天下，做了有熊国国君。他是华夏族的文明始祖，他带领人们创造文字、纺织丝帛、制定历律、制舟车、造指南，为中华民族的几千年文明奠定根基。

相传，黄帝25子，得姓者有14人。他们及其后世纷纷立国，不断繁衍，并与其他部族相融合，逐渐形成以华夏族为主体、由众多民族组成的中华民族。据史书载，黄帝族在上古时期长期居于统治地位，势力强，占地广，其后裔在各地先后立国70多个，繁衍600多个姓氏。

与黄帝生于同时期的炎帝，其母名安登。安登感应神龙绕身而生炎帝于姜水（今宝鸡市天台山下清姜河），因此炎帝以姜为姓。炎帝是中华农耕文化的创始者，因此被称为神农氏。炎帝神农氏及其后裔也在各地先后建立20多个国家，繁衍了247个姓氏。

黄炎两支发展到853个姓氏，后在与其他民族融合的过程中又发展到8000多个姓氏。因而，后世共尊黄帝和炎帝为祖先，称自己是炎黄子孙。

行走在功臣宗室的土地上

从前文可以看出，远古时期，姓与氏是两个完全不同的概念。唐代刘恕在其《通鉴外纪》中说："姓者，统其祖考之所自出；氏者，别其子孙之所自分。"其字面的理解为：姓就是指明你的祖先是何人，而氏则用来区分你的子孙。其实，这样理解也不无道理。从原始社会中后期开始，由于人口的繁衍，原来的部落又分出若干新的部落。为了互相区别以表示自己的特异性，很多部落就为自己的子部落分别起一个该部落单享的代号，这便是"氏"。

讲到氏，我们不得不引出另外一个概念——"胙土命氏"。《左传·隐公八年》中说："天子建德，因生以赐姓，胙之土而命之氏。"意思是，天子分封诸侯，按出生赐姓，又根据分封的土地而命氏。其实，早在黄帝和炎帝时期，就出现了"胙土命氏"，不过，当时"命氏"的不是天子，而是氏族部落的首领。

至夏、商时期，特别是商朝，"胙土命氏"已正式成为氏产生的主要途径了。功勋大臣、臣服的附属部落或极少数的庶子，都会获得相应的分封并从而有了自己的氏。

周朝分封制度确立下来，氏的产生便更加频繁了。周王将土地分封给兄弟、亲戚和异姓功臣，让他们建立诸侯国，各诸侯又将自己国内的土地分封给同姓或异姓的公卿大夫，公卿大夫又分封给同姓或异姓的庶民。如此自上而下层层分封，同姓所出的支系便越来越多，氏也就越来越多，甚而有时会出现一族多氏、一人多氏的情况。如周天子的兄弟本来都是姬姓诸侯，但由于封国有鲁、郑、晋、吴、虞、蔡、霍、巴、虢、管等，他们以国为氏，这就形成一族多氏；鲁孝公有后裔名展禽，起初因其先人字子展而得展氏，后来又因受封于柳地得柳氏，其死后谥号"惠"，因而又得惠氏。

值得注意的一点是，上古时代的有巢氏、燧人氏、神农氏（炎帝）、轩辕氏（黄帝）、金天氏（少昊）、高阳氏（颛顼）、高辛氏（帝喾）、陶唐氏（尧，又称伊祁氏）、有虞氏（舜）、有夏氏（禹）等氏，都是后世对想象和传说中的先祖的尊称，与"胙土命氏"之"氏"不同。

有"氏"才是好出身

南宋史学家郑樵《通志·氏族略·序》中称："三代（夏、商、周）以前，姓氏分而为二，男子称氏，妇人称姓，氏所以别贵贱，贵者有氏，贱者有名无氏。"由此可见，先秦时期，氏不但为子部族或其宗支的徽号，也是个人地位身份尊卑贵贱的标志。

先秦时期，"胙土命氏"，氏为帝王、君侯所赐，且"命氏"有约定俗成的习惯法则。天子位置最高，因此以其王朝的称号为氏，如周天子就以周为氏；而各国诸侯则以国作为自己的氏，如齐氏、鲁氏、吴氏、郑氏等；公卿大夫

黄帝像

便以封邑为氏，如原氏、杨氏、薛氏等；为王室公族效力的职业技人等只能以技为氏，如陶氏、屠氏、工氏等。氏可以表明家世和社会地位，所以也就有了很强的"明贵贱"的社会功能。有着相同血缘的氏族成员不论高低贵贱嫡庶其姓都相同，然而同姓氏族中的不同支系，由于社会地位不同，其氏也各自不同。姓下有不同的氏，氏的区别就是个人、家族地位高低之别。

因此，如今我们所说的"百姓"一词，最初就有"明贵贱"的意味。《尚书·盘庚》中称殷商的贵族大姓为"百姓"。百姓与万民相对，是指有一定社会地位、被王室"胙土命氏"的贵族阶层。后来，随着历史的发展和时代的更迭，这些贵族阶层没有了原来的封邑和地位，成为普通庶民，但却保留了原有的姓氏。此为当今姓氏产生的最初情况，也是历代庶民统称为"百姓"的缘故。

堂前燕飞入寻常家——姓氏的合并

"氏"不再为贵族专有

到春秋时期，周天子渐渐失去权威地位，没有实力再"胙土命氏"，各诸侯自立为王为侯的事情也是常有发生，赐氏命族的制度日渐混乱。

这段时期中，各国诸侯割据称雄，战乱不已。西周末年，原本见于记载的周王朝封国有170余国，到春秋时仅剩下晋、齐、秦、郑、宋、鲁、卫、陈、蔡、曹、许11个封国和楚王国。至战国时期，经过又一轮的兼并战争，只剩下魏、赵、韩、齐、秦、楚、燕战国七雄。12个重要封国之一的许国，甚至在战乱中一迁再迁，最后竟无人知道它消失在什么时候，什么地方。那些亡国的贵族失掉了封邑与爵位，沦为庶民，最初用来表明身份地位的氏也失去了原有的意义。

而在社会大变革中，一大批起初不配"赐姓享氏"的平民，由于能力突出一跃而成为新的贵族，如秦国名将王翦、白起，赵国蔺相如，史书上都不曾载其家世，只说到他们的国籍。秦国谋臣李斯，原来在上蔡做小吏，纵横家苏秦、张仪都是出身贫寒的学人。地位的上升让这些人也开始为自己争取冠氏的权力，氏只为贵族专有的局面被打破了。如鲁国勇士猗顿，起初只是平民，饱暖都没有保证，后来他在猗氏（地名）做牛羊生意，"十年间其息不可计，赀拟王公，驰名天下"，于是便以发家地猗氏为氏。

在这种动荡、混乱的社会背景下，"氏明贵贱"的社会功能已没有现实依托。再加上人口增长，支系增多，氏也就越来越多，人们对姓反而逐渐淡忘，氏也就慢慢替代了姓的角色。"姓氏相别"制度有了根本性的变化。

"姓"等于"氏"等于"姓氏"

秦吞并六国后，废分封，行郡县，原先六国的大量王孙贵族沦为庶民和罪人。秦末农民大起义时，大量的平民百姓，乃至刑奴、屠夫，如汉高祖刘邦、淮阴侯韩信、舞阳侯樊哙等，都凭着显赫的功业，称王称帝，位列公侯。社会大变动引发的结果是，"氏明贵贱"的社会功能完全消失，姓氏成为仅代表个人及其家族血缘关系的符号。自此，姓、氏完全混用，姓、氏最终合一。

姓氏合一、姓氏混用的情况，正式文献始见于司马迁的《史记》。如《史记》中，称秦始皇为"姓赵氏"，称汉高祖刘邦为"姓刘氏"。秦汉以后，姓氏不别，或言姓，或言氏，或姓氏并称。至此，姓氏使用体系基本定型，以后的朝代虽有变化和发展，不过基本上遵循着"姓氏合一"这一模式，直到今天。

姓氏合一，为中国姓氏发展史上的一个重要转折点，其特殊的文化意义表现在如下几方面：一、姓和氏可通称，姓、氏在意义上已无区别。这样，周代以来出现的大量的氏，如鲁氏、齐氏、邯郸氏、司马氏等等，分别变成了鲁、齐、邯郸、司马等姓。二、每一宗族都有固定的姓，子孙后代永久使用，不再像过去那样变来变去。我们如今沿用的诸姓，大多数正是承袭周代各氏而来，因此欲考各姓之源起，必上溯到周代。三、上至帝王将相，下至士农工商，人人都有姓，在这点上，贵族平民绝对平等。

姓氏

姓氏功能的转变

姓氏功能的转变

　　由先秦时期的姓氏相别，到秦汉以后的姓氏通用、姓氏合一，是姓氏演变史的一大转折，至此，姓氏体系已基本定型。历史上，姓氏文化的某些内容和细节虽也有改变，但基本上遵循了"姓氏合一"这一模式。

区别贵贱——姓氏的最初作用

　　姓氏在产生之初就有"明贵贱"的功能，秦代之后，"别上下""明等级"的命氏制度被废除，但以姓氏别等级的观念却存留下来。到两汉时期这种观念再次上升为制度——门阀制度，官方甚至明确规定某姓为望族大姓，并具体划分出姓族等级，各姓族权益地位各不相同。

　　魏晋南北朝时期，门阀制度发展到了顶峰。在这种情形下，不但不同姓氏有高低贵贱之别，就是同一姓氏的士族集团内部不同宗族间也有贵贱、尊卑之分。门阀世族内部按家族血缘关系区分，区域性的世家大族又有"郡姓""吴姓""侨姓""虏姓"之分，不同地区都有"历世著名"的家族为代表。

　　唐代柳芳在其《氏族论》中对此有明确的论述：南北

姓氏

朝时，"过江则为侨姓"，王、谢、袁、萧为最大；东南是为"吴姓"，朱、张、顾为、陆最大；山东是为"郡姓"，王、崔、卢、李、郑为最大；关中亦号也为"郡姓"，韦、裴、柳、薛、杨、杜为姓氏之首；代北为"虏姓"，元、长孙、宇文、陆、窦首之。以上"侨姓、吴姓、郡姓、虏姓"并称为"四姓"，"举秀才，州主簿，郡功曹，非四姓不选"。就是在上述"四姓"中，也存在等级高下之别：凡三代内有位列三公者为"膏梁"，有令、仆（射）者是为"华腴"，有位在尚书、领、护以上者是为"甲姓"，有位列九卿者为"乙姓"，有官至散骑常侍、太中大夫者为"丙姓"，有官至吏部正副郎者为"丁姓"。

最尊贵的姓氏：国姓

　　最能说明姓氏贵贱，而且一直流传至今、影响深远的姓氏书，要数宋代编撰的《百家姓》。《百家姓》的前八姓氏为"赵钱孙李，周吴郑王"。赵姓为皇族姓氏，自然位列百家姓榜首，钱姓为吴越王之姓，其他六姓皆为后宫外戚之姓。

　　事实上，古代最尊贵的姓氏就是皇帝家族的姓，即"国姓"。我国历朝历代国姓如下：

　　夏——姒；商——子；周——姬；秦——嬴；汉——刘；三国——曹（魏）、刘（蜀）、孙（吴）；两晋——

司马；北魏——拓跋；隋——杨；唐——李；宋——赵；辽——耶律；金——完颜；元——孛儿只斤；明——朱；清——爱新觉罗。

那时，皇帝常会对有功的臣僚赐"国姓"以示褒扬，接受赐姓者也无不引以为荣。如民族英雄郑成功，深受南明唐王隆武帝器重，隆武帝赐他国姓朱，名成功，时人尊称其为国姓爷。

姓氏的交融与迁徙

姓氏的交融与迁徙

先秦时期，中国即中原，"中国"人自称华夏族，称周边的地区为"四夷"，即"东夷、北狄、南蛮、西戎"。春秋战国时，"四夷"民族很多接受了华夏文明，逐步与华夏族融合。于是华夏姓氏中逐渐加入蛮、夷、戎、狄的许多姓氏，其中最广为人知的当数南方的楚、苗姓氏与西北的戎、狄姓氏。

周初，苗人酋长的后裔熊绎被周成王封于荆地（今湖北省南漳县西荆山一带）。其后代不断扩张，立楚国。春秋时楚国先后兼并45个小国，国力日渐强盛。至战国时，其领土北接中原（黄河中游），南邻百越，东抵大海，西有巴蜀，成为战国七雄之一。楚国本土的巫文化渐与中原文化相融合，产生了独特的"楚文化"。楚国的贵族有昭、屈、景三氏，庶族则有熊、罗、鄂、督、龚、申等。而巴郡蛮酋则有七姓，是为罗、朴、督、鄂、袭、夕、度。巴南有六姓，为盘、冉、元、巴、李、田，据说此六姓都为盘瓠氏（盘古氏）之后。

西戎族则以姜姓为最大，传说为炎帝的后裔，与羌族同缘；西部的秦国则以嬴姓为首，是华夏族同戎族交融而生的姓族。秦国势力增长很快，单穆公时就兼并了12个戎国，略地千里，雄霸西部。

而此时，地处华北的晋国也兼并20余国，融合了北部戎狄之邦。齐、鲁等国雄踞东部，兼并了散居于辽东、山东和苏北等地的白夷、赤夷、风夷、黄夷、林方、人方、孟方等数十个夷族部落、方国，华夏族进一步扩展。

经过春秋战国时期社会激烈的动荡，西戎、北狄、东夷、南蛮的众多"大姓"都融入了华族姓氏之中。

西晋至隋唐：五胡南下改汉姓

西晋末年，政权更迭频繁，国力空虚，民生凋敝，长期以来受压迫的北方少数民族趁机大规模起兵南下，与汉族政权分庭抗礼，是为"五胡乱中华"。此"五胡"是指匈奴、鲜卑、羯、氐、羌这五个民族。

匈奴亦称"胡人"，他们与华夏族有近亲关系，如《史记·匈奴列传》就云："匈奴，其先祖夏后之苗裔也。"汉时，匈奴与汉和亲，刘姓公主下嫁匈奴王室，其中有人从母姓为刘氏。刘氏成为匈奴族重要的贵族姓氏，与原来的贵族姓氏呼延、卜、兰、乔四支并行。

"东胡"鲜卑族世居辽东、辽西及塞外，魏晋之际，其中的宇文氏、慕容氏、拓跋氏逐渐发展壮大。公元386年，拓跋氏建北魏，到孝文帝时大力推行"汉化政策"。孝文帝下令，各部落的鲜卑语复姓，都要

（北魏）马头鹿角金冠饰

改为音义近似的汉字单姓。皇族拓跋氏带头改元氏，贵族九姓也都依令汉化。据《魏书·官氏志》所载，鲜卑族中有约百个姓氏汉化为汉族单姓或复姓。此后，仅少数鲜卑人仍保留旧姓。

羯族在历史上依附过匈奴，主要散居于上党郡，后因长期与汉杂处，遂改汉姓，五代时后赵的缔造者石勒就是羯人。氐族则在魏晋南北朝时居于武都郡（今甘肃武都）及凉州（今宁夏、甘肃一带）一带，以盘古后裔自称，后迁徙入关，杂居中逐步改为汉姓。羌族史称西戎，散居凉州，很早就因与华夏联姻而使用汉姓，早在西周时戎族中就已有姜姓和姬姓。后秦统治者姚苌即是羌族人。

借五胡南下的政局变动，华夏民族逐步完成了与相邻民族的血脉融合。到了隋唐时代，鲜卑等民族的血统在民众和政要中已颇为普遍。尤其是开放的唐代，以西域（今新疆及中亚地区）的"昭武九姓""突厥十姓"及南诏（今云南一带）"南诏六姓"为代表，"胡姓汉化"已是大势所趋。

宋至清：诸族姓氏渐次全面汉化

两宋以及辽、金、元、明、清各代，姓氏交融的基本特征表现为"胡姓汉化"。

魏晋南北朝时的鲜卑族，隋唐代称为契丹。契丹君主称"达里呼氏"，其他贵族大姓有耶律氏、舒噜氏、萧氏、李氏等十余个姓氏。五代时耶律氏建立大辽国。其母族萧氏本姓舒噜，因仰慕汉代名相萧何而改姓萧。党项人是鲜卑人的后代，北宋时期建立西夏国的李姓，先世本姓于弥，唐末接受赐姓改姓李。可以说，两宋时，原来鲜卑族的姓氏已大部分汉化。

金人在隋代时称靺鞨，在渤海一带称王，姓"大氏"，后为契丹所灭。其遗族避居高丽完颜部，改姓完颜，宋代称之为女真族。其贵族大姓有完颜氏、钮祜禄氏等十余个姓氏。女真后演化为满族，公元1636年入关，建立清朝。

清乾隆帝皇后富察氏画像

在清代"姓氏"满语称为"哈拉"。满族"哈拉"共达600多个，其中新增姓氏有139个。满族姓氏中最著名的有八大姓氏，即董（董佳氏）、索（索绰多）、祈（齐佳氏）、关（瓜尔佳氏）、马（马佳氏）、富（富蔡氏）、安（纳喇氏）、郎（钮祜禄氏）等八大姓。康熙、雍正年间，这些姓氏逐步改用汉姓。所用姓氏，或借用家族谱中的字辈排行字（如薄、毓、恒、启），或使用原名中的"首字小姓"，类似古代的"以名为氏"、"以字为氏"的做法。

此外，朝鲜族、苗族及其他少数民族也在不同的历史时期先后改用汉姓，如现在朝鲜族用的407个姓氏，早在15世纪时就已汉化。

战国末年，秦国侵吞六国，俘获了六国大量的臣民。秦平巴蜀之后，迁徙大批人口入蜀垦殖，其中很大一部分为山东（崤山、函谷关以东）被俘臣民，是为"山东迁虏"。及至秦国灭六国，统一中国，为充实关中一带，削弱六国遗族的反叛势力，秦始皇将六国旧族大姓，天下富豪十二万户迁到京城咸阳，以加强控制。

秦朝末年，起义纷起，六国旧族也乘势而起，以复国为口号，拥兵割据。汉高祖刘邦以一介平民，扫灭群雄，一统天下。由于六国旧族死灰复燃之例在先，刘邦接受娄敬的建议，迁齐、楚旧族田氏、景氏、昭氏、屈氏、怀氏五个大姓及韩、魏、赵、燕之豪族于关中地区。景帝、武帝、昭帝、宣帝，也多次徙六国之民戍守开边，有达七十二万五千余人被迁移。移民之地多为"戎狄蛮夷"杂处的定襄、云中、五原、朔方、代郡、北地、上郡、陇西及云阳、会稽诸郡。如此一来就进一步分散、削弱了六国旧族的反叛势力，加强了中央的权力，巩固了封建统治。其另一个结果就是，改变了六国大姓"以国为氏"、"以邑为氏"、"以乡为氏"、"以亭为氏"的局面。这也是后世一些"以地为氏"的家族，其得姓发祥地，常与姓氏郡望不一致的原因之一。

　　两晋时期，中原汉人第一次大规模南迁。西晋末年，中原地区战乱纷仍，周边部族内徙建立割据政权。晋怀帝永嘉四年（310年）匈奴攻陷洛阳、掳走怀帝，司马睿率中原汉族臣民南渡，在建康（南京）称帝，史称晋元帝，此即为"永嘉之乱"，至此西晋开始。其实，由于中原的纷乱，早在永嘉二年（308年）就有大批中原人蜂拥入闽，这就是有名的"衣冠南渡，八姓入闽"。此八姓有林、陈、黄、郑、詹、邱、何、胡，为迁徙的主要大族。这是北方汉人同闽人的第一次大融合。在这次"入闽"迁徙中，相当一部分人在福州地区定居，使得当地的人口增长一倍以上。

　　历史上中原河洛地区还有多次大批人口因战乱原因入闽的事。一次是唐僖宗年间，河南固始王潮兄弟，率寿州、光州之民揭竿起义，渡江南下，转战于江浙、湖广一带。885年，进入闽南，后占据福建全境，割据一方。其子孙后裔定居繁衍，发展成中华王氏的一大支系——"开闽王氏"。追随王氏入闽的部属，还有陈、王、李、杨、周、郭、张、吴、蔡、郑、曾、谢、苏、何、施、廖、卢、孙、高、沈、马等27姓，以河南固始人最多。此外，宋朝末年避元难奔入闽者也不少。这些移居者在闽南定居下来，使得中原文化在政治、军事、经济制度与语言、生产技术、教育、文学艺术、宗教信仰、风俗习惯等诸方面全方位进入闽南，成为闽南漳州地区的主流传统文化。

守边守陵，定居异地

历史上，各代王朝或割据政权，为维护统治、加强边防，常调用大批军士、民众，留戍边防或垦殖。例如秦代留戍长城和岭南地区，移民巴蜀；汉代派兵留戍西域，监控匈奴；唐时入闽垦漳，宣抚南诏；明代驻守云南，留戍辽东，当时都有大批将士军卒长期驻守边地，有举家随军者，也有在当地娶妻生子者，世代相传，留居异域。如唐高宗总章二年，高宗派将领陈政及其子陈元光率军入闽，开发漳州，随之入闽定居者达58姓。各姓繁衍开来，开宗立派，落地生根。陈元光被人尊称为开漳圣王，陈氏后成为闽、台一带最大的姓氏。另有明代将领沐英，奉旨南征，带兵入滇，世袭王爵，沐氏成为云南豪族。冲、腾、齐、李等氏也随沐英入滇，世居其地，成为大族。

汉武帝茂陵

更为特别的是，各代帝王为修建皇陵，驻守陵寝，常调集大批士卒民夫，作为陵户，驻守其地，久而久之，家族繁衍，渐成乡邑。如汉高祖曾迁徙六国后裔与一批富豪之家于长陵，汉武帝徙郡国豪富及资产二百万以上望族于茂陵，汉昭帝徙民于云陵。此外，唐代修乾陵、明代修孝陵、清修东陵时，都曾招募迁徙大量的士卒、民众，戍守陵寝。这些被招募或迁置的军士、百姓，往往世代留居。可以说，这是中国姓氏迁徙史的一大特色。

官职调迁，举族迁徙

在"官本位"的封建社会中，一人调职举族迁徙为常见现象，这就是所谓的"一人得道，合族升天"。尤其是两汉魏晋隋唐时期，门阀制度盛行，一些手握重权的朝廷要员或久卧一方的割据势力，因世代在异地做官，往往携亲带友前往，如此一来族大人多，且身世显赫，便形成了异地望族。此为姓氏迁徙中最为普遍的现象，也是同姓家族中支系繁衍的一个重要途径。

人丁昌盛，奉命迁徙

几世同堂，是中国封建社会家族的重要形式，也是被标榜为美德的传统伦理。所以，几代合居的大家族，历代都不乏其例。由于族大人多，它们往往成为在地方上颇有影响的强宗大姓，也常常被当局猜忌，被强令迁徙。这其中最有代表的当数江州义门陈氏。

据家谱资料所载，江州陈氏为陈武帝陈霸先之后。陈朝被隋文帝灭后，其后裔隐居于江西德安县太平乡常乐里永清村。该陈氏以孝悌治家，聚族而居，历经隋、唐、五代，至宋仁宗时，230多年间19代同炊共居。其人口达3700余口，田庄有300多处，实属人间奇迹。在标榜以孝悌治天下的封建社会中，这个家族受到历代统治者的褒奖，有义门陈氏之美誉。但是这样一个庞大的家族势力，又必然会引起当局的猜忌。宋嘉祐七年，即公元1062年，仁宗遣江南西路转运使谢景初至永清村，"监护"义门陈氏分析迁徙：依字辈排行，将各房支系分为大小291庄，分别迁至各府州县。其中江南有110庄，两直隶州及闽、浙、湖广各90庄。元末明初，大汉王陈友谅兵败之后，义门陈氏又被当局第二次强令分析迁徙，致使后裔遍布各地。我国近现代历史上的一些知名人物，如陈独秀、陈立夫、陈果夫、陈毅、陈赓、陈云等，均系江州义门陈氏分析迁移到各地支派的后裔。

姓氏的属性

姓氏的属性

　　中国的姓氏来源千头万绪，类别五花八门，若给其分门别类，大概有五大类：历史类、地域类、纪念类、职业类和民族类。

　　随着社会的发展和人口的繁衍增长，姓氏日渐增多，姓源也越来越复杂。如革命年代地下工作者使用化名；一些艺术工作者或作家用艺名；独生子女成家后，兼采夫妻双方姓氏为孩子取名等。另外，涉外婚姻中后代兼用中外姓氏者也十分常见。凡此种种必导致中国姓氏日渐繁多。

历史类

　　历史类姓氏是指以先祖的图腾崇拜物为姓，含义与生活、生存发展紧密相关的古老姓氏及一些少数民族姓氏，多应归于此类。

图腾姓氏

　　上古时期，各氏族都有自己的图腾物，后来许多图腾演变为姓氏，如传说夏之始祖母梦见流星贯地，化而为神珠薏苡（车前子），吞之，次日生禹，禹遂以"姒"为氏。以薏苡为神珠，实乃以薏苡为图腾，而"姒"即取"苡"与"女"（用以明姓）而来。又如东夷众多部族以鸟为图腾，有"鸟夷"之称，不少图腾鸟名后成为姓氏，如鸟氏、凤氏、爽鸠氏等等。

至于少数民族地区，以图腾为姓的例子更多。如云南彝族的括扒人以荞麦为图腾，故姓荞；拉祜族的图腾物为虎，故拉祜人有姓虎者。此外少数民族中之水鸟氏、野猫氏、孔雀氏等，均是以图腾为姓氏类。

母亲姓氏

姓产生于原始社会母系氏族公社时期，其时，人民只知其母，不明其父，世系的计算以母系为准。凡在一个氏族名下的成员均出自共同的母系祖先，是从母而得姓，因此中国最早的姓大都带有"女"部，如姜、姬、妫、姒等。同姓成员都出于同一母系始祖，有血缘关系。先民们经过长期的生活实践，逐步明白了"男女同姓，其生不蕃"的道理，因而在原始社会中后期，已严禁同姓结婚。所谓的"氏同姓不同者，婚姻可通；姓同氏不同者，婚姻不可通"之俗，即源于此。同姓氏族内成员不可通婚，异姓氏族之间可，子女生后即跟随母方，用母姓。

地域类

地域类姓氏是指以出生、居住、生活的地方为姓氏来源，如以国命氏，以邑命氏等。

国名姓氏

以国为姓，大体有四种情况：

一为以古封国为姓。周建立后大封诸侯，各诸侯国子民以国为氏的情况颇为普遍，如周武王封其十三弟振择于曹地，振择立曹国，称曹叔振择，后该国为宋国灭，其子民以国为氏，称为曹氏；炎帝后裔姜子牙封于齐地，建齐国，后国灭，其子孙称齐氏。另外，秦代以后，受封郡国之诸侯王，其后代有以郡国为氏者。如楚汉战争时，项羽因张耳贤德，封他为常山王，治信都。信都后更名襄国。张耳后人有以"襄"为姓者。

二为古时周边少数民族小国归附中华后，以国为姓。例如周成王时，边区有西申国，国内有人来中原献凤后留居，是为西申氏；汉武帝时，有西羌滇国降汉，其后人称滇氏。

三为古时异国人有来华留居者，以国名为姓。唐代时，西域有米国（今俄罗斯境内），其国人有来华定居者，遂以米为氏。古时，印度称天竺，国中有人来华留居，后以竺为姓。

封邑姓氏

周代各诸侯可在自己的封国内对公卿大夫及有功之士赏赐封地，称"食邑"或"采邑"。受封之人有以邑为氏者，且为数颇多，如晋国大夫豫因食邑于邴地而称邴氏，亦作丙氏；老子之孙李宗事晋国，初食邑于段，后邑于干，故称为段干氏；周昭王之子溢的采邑在翁地，故称翁氏；梁文王之子的食邑于卜梁，后代就以卜梁为姓；楚武王之子瑕的封邑在屈地，因此称屈氏，诗人屈原即为其后裔。

以封邑为氏，最初多是先由接受封邑之人在其名字前面冠上封邑名，以此为名谓称号，以示荣耀，其后代子孙便将之传承为氏。例如周文王之子聃食邑为毛，是为毛伯聃，子孙便称毛氏；晋靖侯有孙子名宾，食邑于栾，故称栾宾，子孙称栾氏。

任所姓氏 ┈┈┈┈┈┈┈┈┈┈┈┈┈┈┈┈┈┈┈

以担任某地职守而为氏，此种情况在春秋战国时较为盛行，是以封邑命氏的变相衍生。因为氏最初大概为王公贵族的专有。是否有氏是一个人出身贵贱、地位高低的标志。因此，在某地为官，而以该地地名为氏，大概也有示荣耀的意思。春秋战国时，社会处于大变革之中，各诸侯国需要大批有能力的人。一些有能力、有学识的平民被各国任用为官。有些人因有功被赏赐封地，但有些人论资历还不足以受封，只是在做中下层官，因而没有氏。大概为了显示自己的身份已有别于平民，他们也往往在名字前冠以任所名。其后代便也将之传承为氏。如历史上楚地兰氏、权氏，鲁地之匡氏等，均因其祖上曾分别担任兰县、权县及匡县县尹而得姓。

纪念类

纪念类姓氏是指以先祖或部族的名字、徽号、谥号等为姓氏来源，如以字命氏、以名命氏、以族命氏、以谥命氏、以爵命氏等。

族号姓氏 ┈┈┈┈┈┈┈┈┈┈┈┈┈┈┈┈┈┈┈

以祖先族号为氏，可追溯到原始社会氏族公社时期。

如陶唐氏部落领袖为尧，尧之后裔有以唐为姓者；舜为有虞部落首领，如今的虞姓，便有一支为古圣君舜的后裔。此外夏、商姓中都有一支来源于夏（禹以及其子启都做过该部落首领）或商部落（商朝的建立者汤属该部落）。

另外，此种情况在古代少数民族中也十分常见。如汉代鲜卑族慕容部以慕容为氏；古匈奴有呼衍部，后内附中原，以呼衍为氏，即后来的呼延氏；古辽东之宇文部、完颜部，后以宇文、完颜为氏。

封爵姓氏

以爵为氏者，大多数为王侯公室等贵族之后。如王、公、侯、公孙、公士、庶长等姓氏，都以其始祖爵位封号命氏。而同姓未必是同源同宗，如王姓，有"姬姓"（周代王族）之王，比如"太原王"；有子姓（商姓）之王，如"汲郡王氏"（商比干后裔）；有"妫姓"之王（舜帝之后）；有"虏姓之王"（由少数民族汉化而来）；也有亡国后的王孙公子改姓王者，因姓源较多，所以王氏人口众多，自古为中国大姓。以爵命氏的同一姓氏中，为区分"族系"，又衍生出"以爵系命氏"的复姓类别。如"王氏"又有"王孙氏""王叔氏"；"公氏"则派生出"公子氏""公孙氏"。

周文王姬昌像

名、字、号姓氏

此类姓氏大都来自古代帝、王、名臣、名士的名、字、号。如禹氏为大禹之后；汤氏为商汤之后；员氏为楚名臣伍员（子胥）之后；甲氏为商王太甲之后，这些都是以名为氏。"以字为氏"较为著名的如，白氏为秦国大将白乙丙之后，白乙丙本姓蹇名丙，白乙为其字；春秋战国时宋国大司马公孙嘉字孔父，其子以父字命氏，称为孔氏。

以号为氏最早起于周以前。如周朝先祖姬昌自号文王，其后人有以"文"为氏者。自周昭王、穆王开始有谥号，即在帝王、名臣死后为其追加褒奖之词，是为"生有爵，死有谥，贵者之事也"。其后世子孙引以为荣，便以谥命氏。如楚庄王之后有庄氏，宋武公之后有武氏，齐桓公之后有桓氏等。

要事姓氏

以事为氏者多含有纪念意义性质。如夏代少康帝的母亲为避追杀，从家中后墙一洞穴逃出，此时她怀有身孕，回娘家后生少康。后来，少康复国中兴，为纪念这件事，便令小儿子改"窦"氏，而"窦"即是洞穴之意。又如汉武帝时，丞相田千秋年迈，武帝每诏其入朝议事，特准他乘小车出入宫，时人由此称之为"车丞相"，其后代遂有以"车"为氏者。又如相传林姓始祖为纣王比干。比干被害，夫人正有孕在身，出逃时在一树林生子。后周武王赐此子林姓，以纪念比干。

职业类姓氏是指以先祖所从事的工作、官职、技艺等为姓源。如以官命氏、以技艺命氏、以事名氏、以职命氏等。

官职姓氏

以官为氏者,多以其所担任官职的职能、性质为氏。比如春秋时期,管理市场的官员称"褚师",鲁、宋、卫、郑等国均设有此职,该职位子孙世袭,后便有"褚氏"。帝尧时,皋陶担任执掌刑狱的大理职务(即司法官),子孙世袭该职,称"理氏"。商纣王时理利贞因直言进谏而获罪,他避难于伊侯之墟,"食木子(树上的果子)得生",遂改"理"氏为"李"氏。周大夫辛有,二子在晋国担任"董史"(管理晋国典籍的史官),后代便以官为氏,称"董氏"。周代宫廷中有专管储冰的官员称"凌人",其后代便为"凌氏"。再有司马、司徒、司空、司寇、司城、司功等姓,都是以官为氏。

技艺姓氏

古代百工技艺多子承父业,世代相传,相沿既久,遂以为氏。

如以陶冶为业者为陶氏。据载,周朝初年,虞阏之父虞思为陶正,即掌管陶器制作的官职,其后代世代以制陶为业,后以陶为氏。又据《左传》载,周初,武王弟康叔受封为卫侯,分到"殷民七族",其中就有陶氏,即掌管制作陶器的工匠。

又如以卜巫为业者称巫氏。古人相信天地万物都有神灵，且可以通过精神感召使神降临，于是便出现了专以舞蹈来感召神灵的职业——巫（巫字古文像人挥两袖而舞）。相传黄帝时有巫彭为人治病，他不仅是中国医学及祝祷、占卜的鼻祖，也是巫姓的始祖。商朝人尤其迷信，无论做任何事，他们事先都要进行占卜，而巫就被看作是神的代言人，所以巫在朝廷中的地位很高，相当于国师。商朝太戊时有大臣叫巫咸，是筮（用蓍草占卜）的创造者，其子巫贤也精于占卜之术，是商中宗祖乙的辅弼大臣。如今的巫姓有很大部分属于该支。

诸如此类的姓氏还有农氏、工氏、药氏，等等。

民族类

中国是一个统一的多民族国家，由56个民族组成。在漫长的历史中，各民族在经济、文化、政治制度不断互相影响，繁多的姓氏制度也互相渗透。我国历史上先后出现过10000多个姓氏，其中约有2000多个来自少数民族，中国的姓氏文化由此蕴含了浓厚的民族特色。我国50多个少数民族中有的从来没有姓氏，如怒族、佤族等。有的最初有姓氏，但习惯上不注重，后来，他们的祖姓便失传不被用了，例如维吾尔族。

满族姓氏

满语称姓氏为"哈拉"。据史料载，早在隋唐之际（也有的认为是在北魏时期）满族的前身靺鞨就有了自己的"哈拉"。到了清代，据当时的《皇朝通志》载，满族的"哈拉"有679个。其来源大概有五：一是以动植物等图腾崇拜物为氏，如尼玛哈氏（汉语意为鱼）、萨克达氏（汉语意为野猪）、依喇氏（汉语意为黍）等；二是以部落名称为氏，如爱新觉罗、瓜尔佳等最初都是部落名；三是以居地名命氏，即用所居地名、山名、水名等命氏；四是辽、金、元时期旧族大姓的沿用，其中金代旧姓有27个，辽代旧姓有1个，元代旧姓为7个；五是以父祖之名的首音节汉字做姓，如舒穆禄氏有名字为万鲜丰者，其后代便以"万"为姓。

清亡后，满族大多改用汉姓，改姓方式大概有二：一是复姓改单姓，如董鄂氏改为董氏，佟佳氏改为佟氏；二是取用意译汉姓，如"阿古占"满语为"雷"意，阿古占氏即改为雷姓；"倭赫"，意为"石头"，倭赫氏即改为石姓。

蒙古族姓氏

蒙古姓氏最初使用于贵族阶层，用以显示部落血统的高贵、自己祖先的功业及社会地位。后受汉族影响，大多改为单姓。如今蒙古族通用姓氏，大概有以下几大来源：一是以部族汉语意为姓，如博尔济吉特氏、永谢氏，二者后分别演变为包氏和云氏。二是取父祖之名的第一个字为姓，如元代著名将领沙全，因其父名为沙的，便以沙为姓。三是取谐音汉字为姓，如伯颜氏首字"伯"与"白"谐音，后人便以白为姓；"敏罕"蒙语为"千"意，敏罕氏便以谐音汉字"钱"为姓。四是随母姓，如汉代公主（刘氏）下嫁蒙古族单于，后代便有以刘为姓者。五是直接取用汉族大姓。如王、李、赵、张等，即是其例，该现象在汉化

元世祖孛尔只斤忽必烈像

较深的文人、官吏中较为普遍。

藏族姓氏

　　藏族姓氏起源较早，最初贵族才有姓氏，后在汉族的影响下，姓氏通用。关于藏族姓氏来源的说法，有带传说色彩的，也有与现实贴近的，归纳起来大概以下三种：一是传说中神猴（藏族图腾）的 6 个后裔，即所谓的"原人六姓"，具体为木、惹、朱（柱）、色、董、东六氏。此六氏后又发展为 18 个氏。二是相传藏族首领聂赤赞普为天神下界，他传下第一个王族，后衍变为父系 6 族，即为洛、聂、琼、努、色、保六氏。三是藏族大多数家庭房名（世袭的庄园名称，没有血缘意义）世代相传，成为姓氏。如

藏族首领聂赤赞普

13世达赖喇嘛之父被封为公爵，人们便以他家原住的庄园朗敦—黧卡来称呼这个显贵家庭，他家的人名前都冠以"郎敦"二字，"郎敦"遂为姓氏。此类姓氏有韦氏、谷米氏、雪魔氏、华秀氏等。

壮族姓氏

壮族是我国少数民族中人口最多的一个，是我国唯一的人口超过千万的少数民族。

壮族姓氏大概有以下几种来源：

①部分姓氏由原始的图腾崇拜发展而来。如龙姓，源于对古代蛟龙（壮人称鳄鱼为蛟龙）的崇拜等。

②以职业技艺为姓。如，蓝（壮语指用竹或藤编织篮子）氏，其祖先即擅长编织篮筐；巫氏，其先人即擅长驱邪祈祷之巫术。其余养黄牛的就以"莫"（汉语意为"黄牛"）为姓，会猎鸟的以"陆"（汉语意为"鸟"）为姓等。

③壮族部分姓氏与居住的地理环境有密切关系。如，"农"壮语是森林或树木浓密的意思，农氏最初即指住在森林里的人；"谭"壮语意为水塘，谭氏最初即指住在水边的人们。

从一定程度来说，现今壮族中的部分姓氏是汉族文化影响的结果。但这里需要注意的是，从字面上看，有些壮族姓氏与汉姓同，但却不同源，如前述莫姓、陆姓、麻姓、黄姓等。

傣族姓氏

古代傣族人本无姓，后来出现一个"刀"姓，为明王朝赐给当时西双版纳傣族最高统治者的姓。故而此姓在新中国成立前一直只在贵族阶层使用。新中国成立后，阶级贵贱之别没有了，一些无姓的傣人就喜欢在名前冠以刀姓。近年来，随着汉傣通婚率的增多，子女多从汉人父母姓，于是张、王、李、周等汉姓大量出现在傣人中。

苗族姓氏

古代苗族人本无姓氏，但如今苗民有许多汉姓如吴氏、梁氏、王氏、朱氏、潘氏、张氏、杨氏等。这些汉姓为清代官府登记户籍时根据户主苗名汉译音记录而成，即按苗语读音用同音汉字写成。如吴氏人为清代苗人务收公的后代，务收公被登记作吴收，其后人便有了汉姓，称为吴氏。

郡望和堂号

郡望和堂号

　　谈到中国的姓氏，很容易使人想到一直在我国流传甚广的"郡望""堂号"问题。过去民间嫁娶的名帖上或官宦人家的府第中，往往在自己的姓氏之前，还要冠以一定的名号，如"陇西李氏""三槐堂""彭城刘氏""汝南周氏"，等等。这些在姓氏以前的"陇西""三槐"等代表什么？其实，这就是郡望、堂号。

谒祖朝宗的依据——郡望

　　姓氏多起源于汉代之前，于今天已是非常遥远。如今所说姓氏的重要郡望，多数是汉晋时代郡名。因此，郡望情况并不能准确说明姓氏起源问题。不过，作为一种载体，它又与姓氏的发展情况密切相关。

　　现在人们还很重视自己姓氏的来历和在历史上的重要郡望。特别是如今在异国他乡生活的华人，大都把记载自己姓氏、祖居郡望情况的家谱视珍宝一样珍藏。他们常常通过姓氏和所出郡望来联宗认亲。据有关资料，在当今中国台湾，96%以上的汉族家庭，都牢记着祖上曾居的郡望。每遇红白之事，许多家庭都会在门前悬挂标有祖居郡望的灯笼，以此表示对故土先人的眷恋之情。

　　近年来，随着全球寻根热潮的兴起，海外炎黄子孙纷纷回到国内，旅游观光，寻根问祖。祖居郡望成为他们追寻家世渊源、谒祖朝宗的重要依据。可以说，"姓氏郡望"成了联系海内外炎黄子孙的重要纽带。

何谓郡望

郡望，为"郡"与"望"的合称。"郡"是在中国古代沿用了一千多年的行政区划。春秋时，秦、晋、楚等国在边区置县，后不断在内地推行。春秋末年，各国纷纷在边地设郡，战国时又在郡下设置县，县统于郡的两级行政区划制度基本成形。秦统一天下后，将全国分为36郡，后增加到40多个郡，郡下设县。汉至隋唐沿用秦代的郡县制，但是具体的郡县划分方法有所不同。到宋代，"郡"这一行政区划被废除。

"望"即名门望族，"郡""望"连用，即表示某一地辖内的豪门大族。秦汉以后，有些家族因世居某地，人才辈出，或由于为国家建功而被加官封爵，荫及后世，从而积累下巨大的财富和威望，遂成为一地豪族，这种家族因为当地人所仰慕瞩望，所以称为"郡望"，并以此而与其他同姓支系不同。

两汉门阀制度的产生与盛行

门阀，即门第与阀阅之合称。在等级森严的封建社会，它不仅昭示着高门巨族因世代泽荫而积累的财富和声名，还标志着家族子弟的崇高地位和诸多特权。其本质是"高门大姓"中的杰出人物所获得的地位、权威和声望的世代传承。在某些朝代，封建统治者甚至明确为门阀排序，赋予其种类诸多的特权。

姓氏

门阀制度最早萌芽于汉代统治者对自身血统的考据，无论是汉高祖刘邦或是篡汉的王莽，为了巩固统治地位，都曾遍翻经典、寻章摘句论证其祖上有五帝血脉，为王称帝乃是天命所归。及至西汉末年，光武帝刘秀在豪强地主的支持下灭莽安乱，靠武力取得了统治地位。为了确立其身份的正统并且报答助其匡正天下的豪强大族，刘秀十分注重保护世家豪族的利益。此时门第等级观念盛行，门阀制度也初步成形。那些所谓的高门望族在社会上的势力和声望世代累积，各以门第自诩且互相吹捧标榜，构成一种具有特殊身份、享有特殊权利的社会集团，此即为"大姓""士族""冠族"。

由于门阀制度的存在，姓氏直接对一个人的社会地位、婚姻问题，以至前途命运造成影响，甚至连日常交往、场面座次都被明确规定了。门阀士族世代把持一方，成为地方豪强，乃至地方政府都要惧之几分。

魏晋名门望族与寒门庶族

门阀制度在魏晋南北朝时期更加盛行，同高门望族相对，门第较低、家世不显的普通中小地主家族则被称为"庶族"或"寒门"。庶族有一定的土地、财产，也有为官的机会，但总体说来，他们在政治生活中很受压抑，其社会地位无法同门阀士族相提并论。这种现象在当时用以选拔官吏的"九品中正制"的施

谢安

行中表现得尤为突出。

在"九品中正"一词中，九品即九个品级；中正即中正官，是一种为朝廷举荐人才的官吏。而九品中正制则是一种以门阀家世为主，才能品德为辅，由各地的中正官考察舆论从而为朝廷遴选九个品级的预备人才的制度。因为豪门巨族势力广大，该制度很快就沦为其垄断政治权力的手段。名门望族的子弟，即便是无才无德，也位列上品优先入仕，被授予显贵清闲之职。而出身不高的庶族子弟，就算才德超群，也被列入下品，即使入仕，也只可就任士族所不屑的卑微之职。由此便形成了"上品无寒门，下品无士族"的局面。而东汉末年选拔、任用人才时出现的"举秀才，不知书；举孝廉，父别居。寒素清白浊如泥，高第良将怯如鸡"的尴尬现象依然上演着。

开科取士后的"题郡望"余波

隋唐时期实行开科取士，授官选吏不全以出身论，世家大族的政治特权基本消失。但由于长期以来形成了姓氏、郡望标明出身门第贵贱和社会地位的现象，受此影响，用郡望来标注姓氏的习俗，在此时仍然十分盛行。由于唐代士人好标题郡望，以致官方修史时也不详细考辨人物的家乡籍贯，只是题署郡望了事，这就造成了历史人物籍贯的混乱。宋时人们也常以郡望自标，其实

隋文帝杨坚像

宋代郡的行政区划已取消，此时所称之"郡望"，乃是沿袭魏晋至隋唐时定型的称谓。比如，北宋史学家刘攽有两种著作分别题为《彭城集》和《中山诗话》，这里，彭城和中山都是刘氏郡望，非其籍贯，而刘攽的籍贯为临川新喻（今江西新余）。北宋姚铉本是庐州人，但却自题郡望为"吴兴"。明清时标识郡望之例也不少见。如明代郑真为浙江鄞州区人，但其作品集却题为《荥阳外史集》，原因就在于荥阳乃郑氏的郡望。又如，清代医学家薛雪，苏州人，自题郡望则曰"河东"，实在是因为"河东"乃薛氏郡望之故。

弘扬祖德的标志——堂号

"堂号"，本来是厅堂、居室的名称。因古代人多聚族而居，数代同堂，或同一姓氏的支系集中居住在某一处或相近数处宅院、庭堂，于是堂号便成了某一同族人的共同徽号。同姓族人为祭供共同的祖先，会在其宗祠、家庙的匾额上题写堂名，所以堂号也含有祠堂名号之义，为表明某一家族源流世系，区分族属、支系的标记，是同族人用以弘扬祖德、敦宗睦族的符号标志，是中国人寻根意识与祖先崇拜的体现。

堂号不但题写于宅院厅堂、祖庙宗祠、家谱封面，而且也题写于店铺、书斋、文集书画及日常用具（如车舆、钱袋等）上，用以标明姓氏族别，作为本族标记具有深厚的文化内涵和实际意义。

堂号，有广义与狭义之分。广义的堂号同姓氏的地望相关，或以姓氏的发祥祖地，或以其声名显赫的郡望为堂号，称为"郡号"或者总堂号。如李氏有"陇西堂"，王氏有"清河堂"等。由于姓氏支派的发祥地和郡望不同，故而同一个姓氏会有若干个郡号。狭义的堂号，也叫自立堂号，在同一姓氏中，除了广义的郡号外，往往以先世之德望、功业、科第、名号或祥瑞典故，自立堂号，其形式多样，不胜枚举。

可以说，堂号作为家族的徽号和别称，不但有很明显的地域特征与血缘内涵，具有区分宗系、血缘亲疏的社会功能，而且还带有浓厚的封建宗法色彩，既高度概括了某一姓氏家族的特色，也反映了当时的社会形态。

地域为堂号

以地域命名堂号的现象最为普遍。此种堂号往往和各姓氏的郡望相关。如诸葛氏，系出葛伯，望于琅琊，发祥地为山东诸城，后世遍布各地的诸葛氏，大多数都以琅琊为堂号。又如海氏的"薛郡堂"、徐氏的"东海堂"、欧阳氏的"渤海堂"，以及呼延氏的"太原堂"、陈氏的"颍川堂"等，均是以地望为堂号。此外诸如陇西李、赵郡李、中山李，太原王、京兆王，安定张、河内张等皆是此类。

先世雅号、封号为堂号

封建社会各个朝代，都会有一批文人学士，品格清高，饱学多识，深为世人所推崇。其后代族人引以为荣。如晋代陶渊明不肯趋附污浊势力为五斗米折腰，遂辞官归里。因为陶渊明号五柳先生，其后人便以"五柳堂"为堂号，以彰其德。再如唐代李白，才高八斗，志气奇高，被后人称为"诗仙"。李氏族人引以为自豪，遂以其自号"青莲居士"四字中之"青莲"为堂号。

另外，在中华民族五千年的历史中，各个姓氏都涌现出了大批功勋卓著、名垂青史的人物，后人往往以与其功勋业绩相关的封号作为堂号。如东汉大将马援，战功卓著，名闻遐迩，被封为"伏波将军"，马氏后人中便有以"伏波"为堂号者。再如唐代宗时大将郭子仪，在平安史之乱中屡立战功，把持朝政二十余年，是维系李唐王室的功臣，

陶渊明像

被封为"汾阳王"。其后人遍布各地，"汾阳堂"也成为郭氏用得最多的堂号。至今海内外郭姓子孙，仍以"汾阳郭氏"为家族荣耀。

广西横县伏波庙

先世别墅、功名为堂号

为表示对先世名人的仰慕之情，各姓中都有以先人居所厅堂命名堂号的。如唐代大诗人白居易，晚年隐居于洛阳香山，自号香山居士，其子孙便以"香山"为堂号。又如唐代宰相裴度，志气高洁，其时宦官当权，他深感时事已不可为，乃罢相隐退，在洛阳午桥建居，舍内遍植花木，题为"绿野堂"。裴氏后人便有以"绿野"为堂号者。

白居易像

历史上，还有一些名门大族人才辈出，科第连绵，为世人景仰，其后世遂以相关内容入堂号。如唐代闽林始祖林禄的孙子林披，官至太子詹。他有九个儿子，九人后来都做了州牧（即州刺史），兄弟九人正好"九牧"。后人以"九牧"为堂号，以示家族地位之显。

嘉言懿行、规范为堂号

中国人向有慎终追远的美德，往往为先世祖宗的嘉言懿行深感自豪，因此堂号也常以先人嘉言或对懿行概括之词命名。如成氏之"永敬堂"，"永敬"二字就大有来头。春秋时，成回是孔子的再传弟子，拜师于子路。成回处世接物永远保持恭敬。子路问他，他说："人为善者少，为谗者多。行年七十常恐行节之亏，是以恭敬待大命。"子路点头说："你真是君子啊！"后人便取成回该言词中心之意"永敬"入堂号。而范氏"麦舟堂"则是来自北宋名臣范仲淹济危扶困的典故。有一次范仲淹派儿子纯仁，到姑苏运麦，船至丹阳，遇时人石曼卿无资葬亲，纯仁便将麦船赠予他。纯仁回家后将原委告知父亲，范仲淹对他此举大为赞许。此典故被世人传为美谈，范氏后人遂以"麦舟"为堂号。

另外，在封建社会，各个家族常以带有传统伦理道德规范含意的词语为堂号，以劝勉族人及后人。如李氏"敦伦堂"、张氏"百忍堂"、任氏"五知堂"、刘氏"重德堂"、郑氏"务本堂"、周氏"忠信堂"、许氏"居廉堂"等，都体现了传统的道德观。此种在各氏自立堂号中，十分普遍。

（北宋）范仲淹《边事帖》局部图

格言祝词、吉兆为堂号

格言类堂号在各姓氏自立堂号中较为普遍。如"承志堂""务本堂""孝思堂""孝义堂""世耕堂""笃信堂""敦伦堂""克勤堂"，等等。

以美好祝词为堂号也较为常见。如"安乐堂""安庆堂""垂裕堂""启后堂"等。

另外，古代人对祥符瑞兆十分重视，常认其为上天预示吉祥的征兆，并以之为家族堂号。如古代百官朝会时三公面槐树而立，故以三槐象征三公，宋代王祐曾手植三槐于庭院，言其子孙必有位居三公者，后其子王旦果然位列宰相。王氏后人便以"三槐堂"为堂号。

姓氏家谱

姓氏家谱

　　2006年7月16日，一篇发表在中国博客网上的《中国家谱文化复兴宣言》，引来许多人的关注。文章后还附有一封信，题目为"致海内外炎黄子孙的一封公开信"。文章作者是号称柳下惠子孙柳铸第27代传人的柳哲。其公开信引来不少人的签名力捧，签名者除了一批柳氏后人外，还有号称方孝孺、苏辙等后人的，其阵容之大足以引人注目。

　　《宣言》说道："最近10多年中，中华大地出现了一股重修家谱的热潮，正在进行一场静悄悄的'拨乱反正'，先是海外到海内，再由南方到北方，从东部到西部，家谱整理出版接二连三，家谱研究书籍层出不穷，各地宗亲活动不计其数。"柳哲该举意义尚且不论，但此话确属事实。如今，寻根已成全球热潮，重修家谱之呼声此起彼伏。在这样的情况下，我们不妨从此热潮中抽身出来，了解一些有关家谱的基本知识。

了解家谱知识

　　家谱又名族谱、宗谱、家乘、谱牒、房谱、支谱、谱系等，是记录家族迁徙、发展的情况和家族人物的世系、传记的书，是以一种特殊的形式组织、编写的家族生活史。

一部较为完整的家谱，一般由以下几部分组成：谱名、谱序、凡例、姓氏源流、世系考、世系表、人物传记、祠堂、坟茔、家规家训、恩荣录、像赞、艺文、纂修人名、领谱字号等。

众说纷纭话起源

关于中国家谱源起时间问题，历来有不同的说法：一说起于周代，一说起于战国秦汉时期，一说源于宋代，更有人说它产生于周以前的甲骨文、金文时代甚至更早的口头和结绳记事时代。据历代文献记载和殷墟出土的甲骨文考证，中国家谱当起源于商周时期。商代开始，人们已有了记载家族情况的意识，国君已开始让史官对公卿贵族的家族情况进行简单搜集。至周代，已有了一套相当完善的史官修谱制度，朝廷已设立专官负责全国所有贵族家谱的记载和管理，此当为我国官修家谱的滥觞。

《汉三老碑》拓片

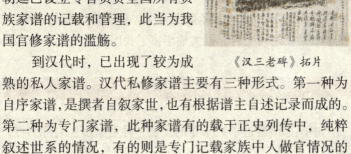

到汉代时，已出现了较为成熟的私人家谱。汉代私修家谱主要有三种形式。第一种为自序家谱，是撰者自叙家世，也有根据谱主自述记录而成的。第二种为专门家谱，此种家谱有的载于正史列传中，纯粹叙述世系的情况，有的则是专门记载家族中人做官情况的

"官谱"。第三种为碑刻家谱，即将家谱刻于石碑上予以保存，如《三老碑》《鲜于璜碑》《赵宽碑》等。

传承久远说修谱

魏晋南北朝时，门阀制度空前盛行，家谱在此时期摇身变为一种特殊的政治工具，成为豪门大族维护自己特殊权益的护身符，家谱在该时期有了长足发展。隋唐时，虽然门阀制度随着科举考试的确立和推行而逐渐瓦解，但统治者的提倡使中国家谱进入第二个发展高峰期，此期间官修家谱最为兴盛。

宋代为中国家谱发展的转型期。家谱强大的政治、社会功能逐渐丧失，其"敬宗收族""尊尊亲亲"的教化功能凸现出来。宋朝统治者大力提倡私人修谱，家谱私修在民间广泛盛行。其后，家谱历经元明清三代日渐成熟，尤其到清代时，修谱成了宗族生活中最重要的活动之一，有的家族三十年一修，有的六十年一修，私修家谱大量涌现，现存留的家谱70%以上为此时所修。

近代民国时，修谱之风仍十分盛行。家谱也由最初简单的世系记录发展到内容翔实、体例精当的家族史料汇编，从可数的文字发展到洋洋数十万字，最终成为能与正史、方志相提并论的史料，极大地丰富了我国传统文化宝库。

分门别类谈家谱

中国家谱经过了数千年的发展，种类繁多，名称多样。

按照记载材料的不同，我们可将家谱分为以下几类：甲骨（金）文谱（指刻在甲骨或青铜器上的家谱）、碑谱、布谱、纸谱、塔谱。

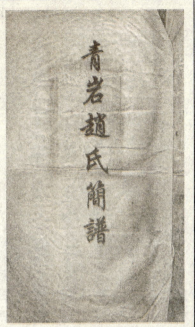

青岩赵氏家谱

根据记载对象的不同，家谱可分为：玉牒（指专门记载帝王家族的谱牒，即皇族家谱）、普通家谱。

根据修纂部门的不同，又可分为官修家谱和私修家谱。

根据内容侧重点的不同，家谱又分为：祠谱（专门记载家族祠堂及与祠堂相关内容的家谱）、坟谱、碑传集、忠义谱、图谱等等。

根据记载范围，家谱又可分为：房（支）谱（记载一房或一支世系的家谱）、家谱、族谱、宗谱、统谱、异姓统谱。

家谱的七大主要内容

最初的家谱，仅为血统世系的证明，内容较为单一。魏晋以后，任官、婚配、社交都要看门第，如此一来，家谱在政治、经济和社会生活中的作用就大大增强，家谱的内容也较以往有所增加。至宋代，民间修家谱的风气兴盛，此时的家谱内容多为尊祖、敬宗、睦族功能服务。至明清两代，家谱修撰的结构大体定型，一套家谱大概包含以下七大内容：

一、姓氏源流发展：即为同一族得姓的来源和变迁。《家谱》均有记载姓氏的一章，以叙述家族得姓的来源，或是家族因某种原因改姓的历史，它是明辨家族血统的证明文献。

二、堂号：堂号是一个姓氏的特殊标识，它能显示姓氏发源的地缘关

（北宋）欧阳修《灼艾帖》

系。堂号名称一般取自于郡号名或为纪念家族始祖或名人而自创。

三、世系表：家谱中最重要的内容，是说明一个家族成员，如：父子、兄弟间的相互关系，写清楚祖先后代每一个家族成员名字的图表。它有四种基本的记述格式：欧式、苏式、宝塔式和牒记式。

欧式是北宋文学家欧阳修创立的。其特点是世代分格，由右向左横行，五世一表，每个世代人名左侧都有一段生平记述，介绍该人的字、号、功名、官爵、生辰年月日、配偶、藏地、功绩等。苏式是北宋文学家苏洵创立的。其特点是世代直行下垂，世代间无横线连接，全部用竖线串联，图表格式也是由右向左排列。宝塔式是将世代

人名像宝塔一样，由上向下排列，采用横竖线连接法，竖线永远处在横线的中间。牒记式是纯用文字来表述血缘关系，每个人名下都有一个相关的简介，如字、号、功名、官爵、生辰年月日、藏地、功绩等。

以上四种世系表形式都各有特色，是一般族谱中比较常见的世系表，但也有其他的变化。

四、家训：家族为了维持必要的法制制度，就拟定一定的行为规范来约束家族中人，这便是家法家训。提倡什么和禁止什么，是族规家法中的重要内容。

五、家传：家传，是用来记述家族中有名望、有功绩人的事迹的文体，是一种正式的传记。家传一般分为：列传、内传和外传等。列传是记录家族中有功绩男子的传记；内传是记录家族中有品行女子的传记；外传是记录家族中已出嫁有品行女子的传记。

六、艺文著述：家谱中的艺文著述，在体例上一般称作艺文志、辞源集、文征集等。"艺文著述"以家族中名人所写的诗文著作为主要内容，也收集本族人与外人的书信来函，以及经籍、表策、碑文、书札等，有的还有版画、肖像画、版本作品、名家书法、歌曲等。

七、家谱图像：只要是

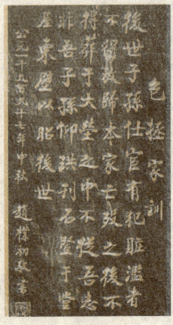

包拯家训

能让人对家谱有更进一步认识的古地图或老照片，均应该被收入家谱里，包括：老照片、祖先图片（遗像、人物画、肖像画）、风水图（祠堂图、墓图）、故居村庄图等。

有些家谱，在立谱时，便确定了家族世系命名的辈分序列，而且事先标定字号，辈分清楚，名之为"排辈"，实则是排资论辈的意思。男子在起"大名"时，必须以预定的某字作为名字的一部分。这个字要放在全名三字的中间或最末，各个辈数层次不一定完全一样，但有着约定俗成的规矩。

细说中国50大姓

细说中国50大姓

　　根据公安部治安管理局对全国户籍人口的统计分析，截至2007年4月，在我国百家姓的最新排名中，王、李、张分列前三位，其总人口数就已达2.7亿，而前100个姓氏总人口占全国人口的84.77%。

　　在新百家姓中，排在前10名的，除了王、李、张，还有刘、陈、杨、黄、赵、吴、周，以上各姓氏人口总数分别在2000万人以上；徐、孙、马、朱、胡、郭、何、高、林、罗、郑、梁，以上姓氏人口总数少于2000万人，多于1000万人。

　　排名前50的还有：谢、宋、唐、许、韩、冯、邓、曹、彭、曾、萧、田、董、袁、潘、于、蒋、蔡、余、杜、叶、程、苏、魏、吕、丁、任、沈。

　　排名50以下的依次是：姚、卢、姜、崔、钟、谭、

陆、汪、范、金、石、廖、贾、夏、韦、付、方、白、邹、孟、熊、秦、邱、江、尹、薛、闫、段、雷、侯、龙、史、陶、黎、贺、顾、毛、郝、龚、邵、万、钱、严、覃、武、戴、莫、孔、向、汤。

结合姓氏发展的最新趋势，兼顾历史上的"名姓"与新涌现的大姓，本章选择前50个姓氏，讲述姓氏故事，介绍各姓名人，勾勒姓氏渊源及播迁，解读姓氏文化的深厚内涵。力图开通一条贯通历史与现实的寻根之路，引导读者领略中华姓氏文化的博大精深与独特魅力。

一、王

【王姓来源】

"风水轮流转，今天到我家"。在宋朝编撰的最早的《百家姓》中排在第八位的"王姓"，如今已经成了中国第一大姓。

①王姓主要出自姬姓，为周文王之后，后衍化为三支王姓族派。一是周文王第15子毕公高的后裔，因本来是王族，所以他们以王为姓。二是东周灵王太子姬晋因直言进谏而被贬为庶人，不久郁郁而终。其子宗敬见王政失附，便毅然引退，带领家人迁至太原定居，当时太原称其一家为"王家"。久之，宗敬一家便以"王"为氏了。三是魏国信陵君无忌，魏被灭后，其子孙被称为"王家"，遂以王为姓。

②除了姬姓之王，王姓主要来源还有三个：妫姓，舜的后裔妫满之后；子姓，殷商王子比干之后；夷姓，北方别姓改姓而来。另外，王姓由复姓简化而来的也比较多，据统计至少有 14 个，即王子、王父、王官、王人、王史、王叔、王孙、王周、成王、威王、五王、西王、小王、乐王等。

【重要郡望】 ⋯⋯⋯⋯⋯⋯⋯⋯⋯⋯⋯⋯

太原郡：今山西省太原西南。开基始祖为东汉司徒王允。

京兆郡：治所在今陕西省长安东。京兆王氏为周文王第 15 子毕公高之后。

天水郡：今甘肃省通渭西北。为殷商王子比干之后。

中山郡：今河北省定州。开基始祖为北魏中山王王睿。

陈留郡：今河南省开封东南。开基始祖为妫姓齐王建之孙安。

河东郡：今山西省夏县西北。为殷商王子比干、周灵王太子晋及周平王太孙赤之后。

河南郡：今河南省洛阳市东北。为鲜卑族可频氏、王氏之后。

【历史名人】 ⋯⋯⋯⋯⋯⋯⋯⋯⋯⋯⋯⋯

王实甫：元朝戏剧家，其最杰出的作品《西厢记》，在中国戏曲史上占有极其重要的地位。

王昭君：西汉元帝时宫女，竟宁元年请嫁出塞，与匈奴和亲。

王羲之：东晋书法家，山东琅琊临沂人，被后人奉为"书圣"。

王勃：绛州龙门人，为"初唐四杰"之一，以一篇《滕王阁序》露绝世才华。

王安石："唐宋八大家"之一，北宋时期著名政治改革家、文学家。

王国维：字静安，晚号观堂，浙江省海宁人，近代国学大师。

二、李

【李姓来源】

李姓目前是我国大姓，李姓主要有五支来源。

①出自嬴姓，为黄帝孙颛顼帝后裔。颛顼有后裔名皋陶，偃姓。尧帝时，担任"大理"官，其子伯益被赐嬴姓。皋陶的子孙历经虞、夏、商三代，一直做大理官，其后代便以官名为氏，即理氏。

②出自偃姓。商末，大臣理征因为政事而得罪纣王并遭到杀害，其妻契和氏带着儿子理利贞出逃，路上一度断绝粮草，最终依靠李子充饥才得以存活下来，遂改理氏为李氏。

③出自姬姓，与周文王同族。商朝时期，有姬姓后裔名巴人，

唐太宗李世民像

居钟离山。周武王灭商后，封巴人于巴（今重庆的巴南区）。巴人以虎为图腾，巴语读虎为李，后该图腾物演化为姓，依音用李姓。

④出自赐姓。唐代时朝文臣武将立了大功，皇帝就赐为姓李。臣子皆以此为荣，后代也因赐姓改姓李。

⑤出自外族改姓。唐代西南少数民族中多李姓，其原因是朝廷赐姓和本地人崇仰当权者自取李姓。唐朝的沙陀、氏、回纥、契丹、高车、吐蕃等番国，以及犹太人、波斯人、安息人、朝鲜人等来华外国人，北宋西夏国的党项族、金国的女真族，明清时期的蒙古人、满洲人、西南西北的少数民族改汉族姓，大多以李姓为首选。

【重要郡望】 ::::::::::::::::::::::::::::::::::

陇西郡：战国时置郡，大约相当于现在的甘肃省东乡以东直到临洮县一带。此支李氏，其开基始祖为秦司徒李昙长子李崇，也是后来建立大唐王朝的李渊的远祖。

赵郡：邯郸一带，汉时置郡。此支李氏的开基始祖为秦太傅李玑的次子李牧。

中山郡：汉高帝置郡，相当于现在河北省北部正定县一带。这支李氏为赵郡李氏的分支，其开基始祖为秦太傅李玑第三子李齐。

广汉郡：汉高祖置郡，相当于现在四川省广汉市一带。这支李氏为陇西李氏之后，其开基始祖为西汉名将李广之父李尚。

顿丘郡：西晋时置郡，现在的河南省浚县一带。这支李氏为陇西李氏的分支，其开基始祖为西汉名将李广的孙子李忠。

　　李耳：即春秋末期思想家、哲学家老子，著有《道德经》，被尊为道家学派的创始人。

　　李冰：战国时期的水利家，秦昭襄王末年为蜀郡守，在今四川省都江堰市（原灌县）岷江出山口处主持兴建了中国早期的灌溉工程都江堰。

　　李广：西汉时人，多次参加反击匈奴的战争，以勇敢善战著称，被称为"飞将军"。

　　李世民：唐太宗，初始以"玄武门之变"取得政权，后开创了"贞观之治"的盛世局面。

　　李白：唐代的伟大诗人，诗风雄奇豪放，想象奇异丰富，语言流转自然，音律和谐多变。他善于从民歌、神话中汲取营养素材，构成其特有的瑰丽绚烂的色彩，是屈原以来积极浪漫主义诗歌的新高峰，人称"诗仙"，并且与

（清）崔错《李清照像》

姓氏

〇六三

杜甫合称"李杜"。

李清照：南宋女词人。论词强调协律，崇尚典雅，讲究情致，反对以作诗文之法作词。

李时珍：明代杰出医药学家，他历时三十七年编写了《本草纲目》一书。

李大钊：河北省乐亭县人，中国最早的马克思主义者，中国共产党的创始人之一。

三、张

【张姓来源】

张姓在汉代就已经是一个人口众多的大姓，至唐代更是发展成为天下十大姓之一。明代时，张姓人已经遍布全国，其覆盖面大约占全国州县总数的93%以上，现在的张姓是在中国排行第三位的大姓。

张姓源出有四：

①出自黄帝之后挥。因为挥发明了弓箭，所以被任命为弓正。弓正又称弓长，二字相合，正是"张"字，其后便有以张作为姓氏的，也就是现在的河北张氏。

②出自黄帝姬姓之后。春秋时，晋国有大夫解张，字张侯，其子孙以其字命氏，称张氏，是为山西、河北、河南之张氏。

③出自赐姓或他姓、他族改姓。三国时，云南少数民族部落酋长龙佑那被诸葛亮赐姓张，以后其子孙便以张为氏。三国魏国大将张辽本姓聂，后改为张氏。另有韩、姬等姓氏和鲜卑、匈奴、契丹等众多少数民族改姓张姓。

④出自地名。金代特嘉氏，世居张皇堡，于是就以地名命为"张"氏。

【重要郡望】 ∵∵∵∵∵∵∵∵∵∵∵∵∵∵∵∵∵∵∵∵

清河郡：汉时置郡，治所在清阳（今河北省清河东南），开基始祖为汉留侯张良裔孙张歆。

范阳郡：三国魏改涿郡置郡，治所在涿县（今属河北省），其开基始祖为东汉司空张皓之子张宇。

太原郡：战国时置郡，治所在晋阳（今太原市西南），其开基始祖为北魏平东将军、营州刺史张伟。

京兆郡：汉时置郡，治所在长安（今陕西省西安市西北），其开基始祖为西汉御史大夫张汤。

安定郡：西汉置郡，治所在高平（今宁夏回族自治区固原），东晋移至安定（今甘肃省泾川北）。这支张氏为楚汉时期赵王张耳之后。

【历史名人】 ∵∵∵∵∵∵∵∵∵∵∵∵∵∵∵∵∵∵∵∵

张良：字子房，秦末汉初杰出的军事谋略家，与萧何、韩信同被称为"汉初三杰"，被封留侯，谥文成侯。刘邦称他"运筹帷幄之中，决胜千里之外"。

张骞：西汉外交家，不畏艰险，两次出使西域，沟通了亚洲内陆交通要道，与西欧诸国正式开始了友好往来，促进了东西经济文化的广泛交流，开拓了丝绸之路，甚至可称之为中国走向世界的第一人。

张仲景：东汉医学家，著《伤寒杂病论》，为后人尊为"医圣"。

张飞：三国时名将，为蜀国五虎上将，战长坂名震于时。

张学良：字汉卿，号毅庵。发动"西安事变"，促进了国共两党合作。2001年在美国夏威夷首府檀香山史特劳比医院病逝，享年101岁。

四、刘

【刘姓来源】

刘姓历史悠久，来源众多。其来源主要有四：

①上古帝尧之后。传说尧的子孙有一支为祁姓，受封于刘，后裔便以刘为氏。夏朝时，这一支的后代刘累，为第十三代夏帝孔甲养龙。但刘累养龙的技术不高，弄死了一条雌龙。刘累怕被治罪，就偷偷地带着家眷南逃至台县（令河南鲁山县）躲了起来。刘累的子孙以刘累的名字为姓氏，据说这是中国最早的刘姓。

②出自姬姓，为周王族后裔。春秋时，周匡王封小儿子王季于刘邑（河南偃师县南），号刘康公，后代也称刘氏。

③出自杜姓。周大夫杜伯的孙子士会在晋国任

汉武帝刘彻像

士师，晋襄公死后，士会去秦国接公子雍回国继位，因晋国国内有变故而留在秦国，其后世取姓刘（即"留"之意）。

④为他族、他姓改姓或赐姓。汉高祖刘邦称帝后，曾经赐娄敬、项伯刘姓，他们的后人便保持此姓。建国后，刘邦一度实行和亲政策，也就是把皇室宗女嫁给匈奴单于。依照匈奴的习俗，身份高贵者皆从母姓，于是便形成了这支刘姓。北魏孝文帝曾经将鲜卑族的复姓之一独孤氏改姓为刘。

【重要郡望】

据相关史料所载，刘姓郡望多达25个，其中以彭城、弘农、河间三望最为著名。

彭城郡：刘邦祖籍江苏丰县，起家于沛县，此二县都属彭城郡，为光耀门楣，后世刘氏大多认为彭城就是自己的祖籍。

沛郡：沛郡刘氏望族多出自西汉皇族楚元王刘交之后。另有一支出自东汉时皇族。刘秀之子刘辅为沛王，其后代世居沛地成为大族。

弘农郡：始建于西汉，治所在弘农县（今河南省灵宝市东北函谷关城）。弘农刘氏出自西汉皇族，是汉高祖的哥哥代王刘喜的后裔。代王后裔到东汉时有刘琦官任司徒，始迁居弘农。

【历史名人】

刘备：中山人，三国时蜀汉的建立者，公元21年称帝，建都成都。

刘邦：即汉高祖，沛县人。公元前202年建国称帝，国号汉，史称西汉。

刘彻：即西汉武帝。"罢黜百家，独尊儒术"，通西域，破匈奴，将汉朝推向全盛。

刘秀：南阳蔡阳人，东汉开国君主，公元25年称帝，定都洛阳，史称光武帝。

刘基：字伯温，晚号犁眉公，明朝青田人。通经史，晓天文，精兵法，辅佐朱元璋灭元。

刘墉：今山东省诸城人，清代书法家，官至东阁大学士。

刘少奇：湖南宁乡人，早期中共党员之一，著名的无产阶级革命家、政治家和理论家。

刘伯承：四川开县人，中华人民共和国元帅，中国人民解放军创始人和领导人之一。

五、陈

【陈姓来源】

陈姓是当今中国姓氏排行第五位的大姓，人口众多，分布在全国各地，南方陈姓尤多。陈姓来源有三：

①出自妫姓，其始祖为虞舜33世裔孙妫满之后。妫满又称胡公满，周武王封其于陈，妫满立陈国。陈国传至10世孙妫完，陈国内乱。妫完出奔到齐国，以国为氏，称陈氏。陈姓除妫满这一支主系外，还有三支同出于陈国公族。一是陈哀公之子留，避居陈留。二是陈湣公之长子陈

衍，避居阳武户牖乡。三是陈泯公次子全温之后陈孟琏，居于固始，其后因无子，便以颖川陈实为嗣子，遂融入颖川陈氏。

②齐国王子田轸的后裔。秦灭齐后，轸逃到楚国为相，被封为颖川（今河南省禹州）侯，改姓陈，据说这就是颖川陈姓的开始。

③由他族或他姓改姓而来。南北朝时，北魏孝文帝将鲜卑族一支侯莫陈氏改姓为陈，是为河南洛阳陈氏；隋初白永贵改姓陈，是为万年（今陕西西安）陈姓之源起；刘矫的后裔改陈姓，是为广陵（今江苏省镇江东）之陈。

玄奘像

【重要郡望】

颖川郡：秦时置郡，治所包括今河南登封、宝封以东，尉氏以西，密县以南，叶县、武县以北的地区。此支陈氏，其开基始祖为战国齐王田建三子田轸。

广陵郡：西汉置国，东汉时改为郡，治所在广陵（今江苏省扬州）。此支陈氏是汉武帝之子刘胥之后的改姓。

河南郡：汉高帝时置郡，治所在雒阳（现在河南省洛阳）。此支陈氏出自匈奴族陈氏。

冯翊郡：汉武帝时置郡，治所在临晋（现在陕西省大荔）。此支陈氏为南朝陈宣帝之子沅陵王陈叔兴之后。

京兆郡：汉朝时置郡，治所在长安（现在陕西省西安）。此支陈氏出自唐代迁居京兆的陈寔（东汉汉桓帝时太丘长，以名望德行为世所推崇）后裔陈忠。

【历史名人】 ···

陈胜：秦末农民起义将领，建立张楚政权，第一个翻开了封建社会农民起义的历史篇章。

陈寿：西晋著名史学家，著有《三国志》65卷。陈寿为我国私人修史树下典范。

陈祎：法号玄奘，曾去天竺（今印度）取经，是佛教经典翻译家，唯识宗的创始人。

陈毅：四川省乐至人，无产阶级革命家，军事家，是新四军中唯一被授元帅军衔的人。

六、杨

【杨姓来源】 ···

杨姓是当今中国姓氏排行第六位的大姓，地域分布极广，尤其在长江流域的省份分布最多。

杨姓源出主要有三：

①出自春秋时期晋武公之后。晋武公封次子伯侨于杨，称为杨侯，他就是杨姓人的受姓始祖。公元前514年，伯侨后裔为避祸迁到华阴居住，称为杨氏，史称杨氏正宗，也就是山西杨氏的来源。

②出自秦穆公时大夫杨孙之后。这支杨姓是以祖名为氏。

③出自赐姓或他族他姓改姓。如三国时诸葛亮平哀

杨贵妃像

牢后，赐当地少数民族赵、张、杨、李等姓；福建林姓迁居广东省梅州后改姓杨；北魏孝文帝施行汉化，有三字姓莫胡卢氏被改为杨氏。

【重要郡望】

河内郡：楚汉之际置郡，治所为怀县（现河南省武陟县西南）。此支杨氏，其开基始祖为韩襄王将领杨苞。

弘农郡：东汉至北周，曾一再改名恒农郡，相当于现在的黄河以南、宜阳以西一带。

天水郡：西汉时天水郡治平襄（现在甘肃省通渭西北），东汉移治冀县（今甘肃省甘谷东南）。

【历史名人】

杨坚：冯翊（今陕西省大荔）人，公元581年建立隋朝，公元589年灭陈统一全国。

杨业：北宋名将，号为"杨无敌"，其家族世为麟州地方势力首领，史称"杨家将"。

杨玉环：唐玄宗宠妃，被誉为盛唐第一美人，也是古代四大美人之一。

杨虎城：著名爱国民主将领，和张学良将军共同发动了西安事变。

七、赵

【赵姓来源】

赵姓自古是中华大姓，曾在百家姓中位列第一，在中国历史中的影响很大。赵姓源出有四：

①出自嬴姓，始祖为周穆王时朝官造父。造父善驭，深得穆王器重，后平叛有功，穆王赐他赵城（今山西省洪洞县北），于是造父后世子孙便以封地作为姓氏。

②以国为姓。战国时七雄之一赵国最终被秦国所灭，赵国所遗公族以原国名命姓。

③出自少数民族。汉代赵安稽（匈奴人），唐代赵曳夫（"南蛮"人）的后代都沿袭姓赵。蒙古族要术甲氏也改姓赵。

④出自赐姓。赵宋王朝先后有李姓、穆姓、隆姓及宇文复姓的历史人物，均被赐姓赵氏。

【重要郡望】

天水郡：西汉初置，包括今甘肃省天水市及陇西以东地区。此支赵氏，其开基始祖为赵襄王太子、代王赵嘉。

涿郡：汉高帝时置郡，此支赵氏的开基始祖为西汉颍川太守赵广汉的后裔。

南阳郡：战国时秦国置郡，此支赵氏为天水赵氏分支，其开基始祖相传是东汉太傅赵嘉。

颍川郡：秦时置郡，此支赵氏，其开基始祖相传是西汉京兆君尹赵广汉。

【历史名人】

赵雍：即赵武灵王，他提倡"胡服骑射"，始创骑兵，是我国古代杰出的军事家和改革家。

赵胜：即平原君，战国时期四公子之一，赵武灵王之子，惠文王之弟。以有"食客数千人"而著称，是赵氏最负盛名的人物之一。

赵云：三国时蜀国"五虎上将"之一，曾有"单骑救主"等英雄事迹。

赵匡胤：本为后周大将，代周为帝，建立宋朝，立国320年之久。

赵孟頫：元代杰出书画家，精于行书和小楷，其笔法圆转遒丽，人称"赵体"。

赵一曼：客家聚居地宜宾人，东北人民革命军第三军二团政委，著名抗日女英雄。

八、黄

【黄姓来源】

黄姓是当今中国姓氏中排第八位的大姓，人口众多。黄姓分布主要集中于长江以南地区，以广东、四川、湖南、广西和江苏省比较多。黄姓源出有五：

①出自嬴姓。帝舜赐姓帮助大禹治水的伯益为嬴氏。传说伯益在今河南潢川建立黄国，公元前648年，黄被楚灭，亡国后的黄国子孙便以国名为氏。

②出自金天氏之后。少昊金天氏的后人曾建立沈、姒、蓐、黄等多个国家，但后来都被晋国所灭。其中黄国公族子孙便以国为姓。

③出自古代南方蛮族。《新唐书》中有载："邕管（在广西境内）蛮有黄姓。唐黄少卿、少高、少温是也。"

④出自他姓改姓。上古时代及后朝的王、陆、巫、吴、金、范、丁皆有改为黄姓者。

⑤出自回族：元朝时，大约在现在的福建省泉州市一带，有少数蒲姓回族为避朝廷的诛杀而改姓"苗"。但是，苗与蒲同音，他们怕被朝廷发觉，便将苗字略加修改，成为"黄"字，并且沿用至今天。

【重要郡望】

江夏郡：汉高祖置郡，治所在安陆（今湖北省云梦）。此支黄氏为东汉大臣黄香之族所在。

会稽郡：秦时置郡，治所在吴县（今江苏省苏州市）。此支黄氏出自东汉黄昌之后。

巴东郡：东汉时置郡，治所在鱼复（今四川省奉节东）。此支黄氏出自东汉蜀将黄权之后。

【历史名人】

黄庭坚：北宋人，其诗与苏轼并称"苏黄"，开创了江西诗派，为宋代四大书法家之一。

黄宗羲：明末清初思想家、史学家，著有《明儒学案》《宋元学案》等。他一生著述大致依史学、经学、地理、律历、数学、诗文杂著为类，多至50余种，近千卷。

黄遵宪：清末诗人，其创作的诗歌被称为"诗史"，著有《日本国志》《人境庐诗草》。

九、周

【周姓来源】

周姓支派众多，来源不一。其主要来源有三：

①源自黄帝轩辕氏。相传黄帝子孙中有一位叫周昌的大将，到商代时又有一名叫周任的太史，这两个人的后代都以周为姓氏。

②出自姬姓，其始祖为周文王。周灭亡后，有很大一部分周宗室子孙及周朝遗民都以周为氏。

③由他氏改姓或他族改姓而来。如唐玄宗时，姬氏为避帝名讳而改姓周；唐末有叫成纳的，后梁时被赐姓周；北魏时有鲜卑皇族普氏，后改姓周；北魏孝文帝迁都洛阳后，复姓贺鲁氏改为汉字单姓周氏。

鲁迅像

【重要郡望】

汝南郡：汉时置郡，在今河南省中部偏南和安徽省淮河以北地区。此支周氏为周平王少子烈的后代。

沛国郡：汉高帝将泗水郡改为沛郡，治所在今安徽省濉溪县。此支周氏的开基始祖为汉代汾阴侯周昌。

陈留郡：汉代置郡，在今天河南省开封地区。此支周氏为西汉汝坟侯周仁之后，其开基始祖为晋代的周震。

华阴郡：唐天宝元年（742年）置华阴郡，治所在郑县（今陕西省华县）。

清河郡：汉高帝置，治所在清阳（相当于今河北省清河至山东省临清一带）。

【历史名人】

周瑜：三国时吴之名将，火烧赤壁，大败曹军，创造了以弱胜强的著名战例。

周敦颐：北宋著名哲学家，理学的开山祖。

周树人：笔名鲁迅，伟大的文学家、思想家、革命家，著作有《狂人日记》、《呐喊》等。

周恩来：杰出的革命家、政治家、军事家和外交家，中华人民共和国第一任总理。

十、吴

【吴姓来源】

吴姓在当今中国姓氏中列居第十位，人口众多，分布以江南一带为多。吴姓主要有五大来源：

①周太公亶父之长子伯泰为让位于弟（季历，姬昌之父），避居吴地。泰伯德行感人，吴地人归附者千余家。泰伯立国，自号"句吴"。有民以国为姓，该地多吴姓。

②周朝建立后，武王封太伯第三世孙周章到吴地为侯。后来周章在此地建吴国。春秋时吴国被越国灭，其王族子孙便以吴为姓。

③舜把君位禅让给禹之后，其子商均被封在虞地（今江苏吴县），后世便以虞为姓。因古"虞"、"吴"音近，后裔有以吴为姓者。

④上古颛顼帝（高阳氏）时名臣吴权的后代。

⑤夏代国王少康时神箭手吴贺的后代。

【重要郡望】

濮阳郡：西晋置郡，治所在濮阳（现在河南省濮阳县西南）。此支吴氏，其开基始祖为东汉光武帝时广平侯吴汉的裔孙吴遵。

长沙郡：秦时置郡，治所在临湘（现在湖南省长沙市）。此支吴氏系春秋时期吴王寿梦之子季扎之后，其开基始祖是西汉时的长沙王吴芮。

陈留郡：西汉时置郡，治所在陈留（现河南省开封东南）。此支吴氏是春秋时期季扎的后裔。

渤海郡：西汉置郡，治所在浮阳（今天河北省、辽宁省的渤海海湾沿岸一带）。

武昌郡：南朝宋时将晋朝所立武昌郡移治夏口（今武昌），辖区缩为今武汉及其附近一带。

【历史名人】

吴广：秦末农民起义领袖。公元前209年与陈胜发动起义，建立张楚政权。

吴道子：唐代著名画家，被后人奉为"画圣"，其画被人们称为"吴带当风"。

吴承恩：明朝小说家，擅长绘画、书法，多才多艺。然而科举不利，至中年始为岁贡生。一般认为著名小说《西游记》即为吴承恩所作。

吴敬梓：清代人，以小说《儒林外史》而著称的杰出讽刺作家。

吴昌硕：清代著名的篆刻家、书画家。工诗，善书法，尤精篆刻。他在篆刻上的成就，对我国篆刻艺术有着划时代的意义，主要是他把诗、书、画、印熔为一炉，开辟篆刻艺术的新境界。

十一、徐

【徐姓来源】

　　徐姓在当今姓氏中排行第十一，广布于我国大江南北，其中以江苏、广东、浙江、四川、山东、江西、安徽人数最多。徐姓源出有三：

　　①出自嬴姓。高阳帝颛顼玄孙伯益之子若木建徐国（包括今江苏徐州、安徽泗县），周敬王八年被吴国所灭，徐国的后裔就称为徐氏，以国为姓，代代相传。

　　②相传周公的长子伯禽受封于鲁国，并分到"殷民六族"：徐氏、条氏、萧氏、索氏、长勺氏、尾勺氏。徐氏在鲁发展迅速，成为徐姓中重要一支。

　　③他姓改徐姓而来。如唐末入蜀大画家李升改姓徐，名知诰，其后代亦以徐为姓。

【重要郡望】

　　东海郡：秦置郡，治所在今天的山东省境内。

　　高平郡：北周时置郡，治所相当于现在山西省晋城、高平等地。

　　高宛郡：秦始置郡，汉建安初分琅玡、齐郡置郡，治所在今山东省境内。

　　琅琊郡：秦置郡，治所相当于现在的山东半岛东南部。

　　东莞郡：治所在今山东省莒县。

徐渭：明代晚期杰出的文学艺术家，列为中国古代十大名画家之一。徐渭多才多艺，在书画、诗文、戏曲等领域均有很深造诣，且能独树一帜。

徐悲鸿：江苏省宜兴人，现代著名画家、美术教育家，尤擅画马。

徐向前：伟大的无产阶级革命家，军事家，中国人民解放军创建人和领导人之一，中华人民共和国元帅。

十二、孙

【孙姓来源】

孙姓在中国以长江为分水岭，形成了华东沿海省份连接东北三省的孙姓分布带。孙姓主要有四支：

①出自姬姓，为卫国国君康叔的后代。康叔的九世孙字惠孙，惠孙有个孙子乙，以祖父的字命氏，就是孙氏。他的子孙世居汲郡（今河南汲县及周边地区），是为河南孙氏。

②出自芈姓，为春秋时楚国令尹孙叔敖之后。孙叔敖楚国期思人，名敖，字孙叔，其子孙便以他的字命氏，称孙氏。

③出自妫姓。春秋时，妫姓陈国的陈完逃到齐国，改姓田，其后世田书因有功被齐景公赐姓孙氏。后来齐国内乱，孙书的后人出奔吴国，后世代徐姓。

④出自外姓外族改姓。荀卿避汉宣帝刘绚（名字的同音字）讳改孙卿，后又复为荀卿，但其子孙有一部分未改

回，遂为孙氏。北魏孝文帝迁都洛阳后，有一支鲜卑族复姓拔拔氏改汉字单姓孙氏，是为河南洛阳孙氏。

【重要郡望】

汲郡：晋置郡，治所在今河南省汲县，此为孙氏世居之地。

陈留郡：西汉置郡，治所在陈留（今河南省开封市陈留县）。

乐安郡：东汉置郡，治所在临济（今山东省高青县高苑镇西北），此支孙氏为兵家之圣孙武之族所在。

富春郡：秦置郡，此支孙氏为乐安孙氏之分支，其开基始祖为孙武次子孙明。

太原郡：战国秦庄襄王时置郡，治所在晋阳（今山西省太原西南）。此支孙氏为富春孙氏之分支，其开基始祖为孙明的11世孙孙福。

【历史名人】

孙武：春秋末期齐国人，伟大军事家，有《孙子兵法》传世。

孙膑：战国时期齐国人，孙武后裔，军事家，著有《孙膑兵法》。

孙权：吴郡富春人，字仲谋，公元229年于武昌（今湖北鄂城）称帝，国号吴。

孙思邈：唐朝人，后世称"药王"，著有《千金要方》《千金翼方》。

十三、胡

【胡姓来源】

胡姓是当今常见姓氏，分布很广，约占全国汉族人口1.31%，为在中国人口中超过1%的十九个大姓之一。胡姓源出有四：

①出自妫姓，以人名为氏。帝舜的后裔胡公满的后人有的以胡为氏。

②出自姬、归姓，以国名为氏。一个是姬姓胡国，一个是归姓胡国。春秋末期，这两个胡国先后被楚国所灭，其国君的子孙都以胡为姓，两支胡氏世代相沿。

③他姓改为胡姓。南

胡适

北朝时，北魏鲜卑族有胡（纥）骨氏，入中原后改为汉姓，称胡氏。汉代太御胡广，本姓黄，后改为胡姓，其子孙以胡为氏。在胡氏中，曾经出现过复姓胡母氏。晋代以后，胡母复姓渐渐被"胡"这一单字姓氏所代替。

④古代北方匈奴族后裔敕勒族人的姓氏。

【重要郡望】

安定郡：汉代设置，治高平（今宁夏回族自治区固原），在今甘肃泾川北。

姓氏

〇八二

新蔡郡：晋惠帝置，从汝阴郡分出，在今天河南省新蔡县一带。

弋阳郡：隋代置，武德三年改为光州，治所在今河南省潢川县。

义阳郡：三国魏置，治所在今河南省巴中市。

户县：今陕西省户县。

胡适：字适之，安徽绩溪人。中国现代学者、思想家及新文化运动的著名人物。

十四、朱

【朱姓来源】

朱姓是当今中国排行第十四位的大姓，人口众多，约占全国汉族人口的1.25%，以江苏、浙江、广东、河南、山东等省分布最多。朱姓源出有六：

①出自曹姓，是颛顼帝的后裔。颛顼帝的后代曹挟被封于邾地（包括今山东费、邹、滕、济宁、金乡等县地）后立邾国。他的遗族以国名为氏，称邾氏。后邾国被楚国所灭，邾国贵族就去掉耳旁，改姓朱。

②出自舜时大臣朱彪，其后人亦为朱姓。

③出自宋姓，商纣王的庶兄微子，被周武王封于宋地（今河南商丘），后建立宋国，后代以国为姓。春秋时，微子的后裔，因避难改为朱氏。

④出自上古传说中的古天子朱襄氏。

⑤出自祁姓，为上古五帝之一的帝尧的儿子丹朱之后，以祖名为姓。

　　⑥出自赐姓、外族改姓和少数民族中的朱姓。朱元璋建明后，赐有功之人朱姓；北魏孝文帝南迁洛阳后，鲜卑族复姓浊浑氏、朱可浑氏皆改姓朱氏；其他少数民族中亦有朱氏。

【重要郡望】

　　沛郡：汉高帝时置郡，治所在相县（今安徽宿县西北）。此支朱氏，其开基始祖为西汉大司马朱诩。

　　河南郡：汉高帝时置郡，治雒阳（今河南省洛阳东）。此支朱氏，主要为北魏时期浊浑氏、朱可浑氏所改的朱氏后代。

　　丹阳郡：汉置郡，治宛陵（今安徽省宣城），三国吴移治建业（今江苏省南京）。

【历史名人】

　　朱熹：南宋著名哲学家、诗人、文学评论家，集北宋以来理学之大成，影响极大。

　　朱元璋：明朝开国皇帝，濠州钟离（今安徽省凤阳）人，1368年建立明朝，号称明太祖。

　　朱自清：著名散文家、诗人，浙江省绍兴人。著有诗文集《踪迹》，散文集《背影》等。

姓氏

十五、高

【高姓来源】

高姓是当今中国排行第十五位的大姓，人口众多，主要分布在江苏、福建、广东、江西、云南等地。高姓来源主要有四：

①出自姜姓。姜太公六世孙齐文公吕赤的儿子受封于高邑（今河南省禹县），称为公子高。他的孙子名傒，以其祖父封邑为氏，称为高傒。高傒后代以高为姓，尊他为始祖。高傒是齐桓公的重要臣属。高傒后裔高洪为东汉渤海郡守，渤海高氏由此发轫，繁衍不息，成为当今高姓族群中最庞大的一支。

②以父字为氏。春秋时齐惠公之子叫公子祁，字子高，其后裔取其字为姓氏，是为山东高氏。

③由"高"字开头复姓简化而来。如高车氏、高堂氏、高阳氏、高陵氏等简化而为"高"姓。

④出自他姓。十六国时，后燕皇帝慕容云自称为颛顼高阳氏后裔，遂改姓高；鲜卑族元景安、元文遥有功于北齐，北齐文宣帝高洋赐他们"高"姓；高丽羽真氏，后改高氏；魏时，鲜卑族有楼氏，后改高氏；女真族石烈氏、纳羊氏，满族高佳氏、佟佳氏和北宋时入居开封的犹太人等改高姓；北齐重臣高隆之，本姓徐，因其父与高欢交厚，遂改为高姓。

【重要郡望】

渤海郡：西汉时置郡，治所在浮阳（今河北省沧

〇八五

州）。此支高氏，其开基始祖为东汉渤海太守高洪。

广陵国：汉时置，治所在今江苏省扬州市。此支高氏，为吴丹阳太守高瑞之后。

河南郡：汉时置郡，治所在雒阳（今河南洛阳市东北）。此支高氏为鲜卑族高氏之后。

渔阳郡：秦置，治所在渔阳县（今北京密云县西南）。

辽东郡：战国燕将秦开拓建，秦置郡，治所在襄平（今辽宁省辽阳市）。

【 历史名人 】⋯⋯⋯⋯⋯⋯⋯⋯⋯⋯⋯⋯⋯⋯⋯⋯⋯⋯⋯⋯⋯⋯⋯⋯

高适：唐朝诗人，与岑参并称为"高岑"，代表作有《燕歌行》。

高鹗：清代文学家，汉军镶黄旗人，《红楼梦》后四十回的续写者。

十六、林

【 林姓来源 】⋯⋯⋯⋯⋯⋯⋯⋯⋯⋯⋯⋯⋯⋯⋯⋯⋯⋯⋯⋯⋯⋯⋯⋯⋯

林姓人口众多，约占全国汉族人口的1.17%，在当今中国姓氏中排行第十六位。林姓源出有三：

①黄帝后裔，其始祖为比干。比干被纣王害，夫人陈氏正有孕在身，连夜出逃，在牧野（今河南卫辉、淇县一带）郊外树林生下一男孩，为他取名坚。周武王灭商，特别赐他林姓以合其生地，以此纪念忠直之臣比干。

②出自姬姓，东周时，周平王的庶子名开，字林，其后子孙以祖父字为姓。

③出自少数民族改姓。北魏孝文帝在迁都之后，将本族原来复姓丘林的一部分改汉字单姓林氏，是为河南洛阳林姓。

【重要郡望】 ⋯⋯⋯⋯⋯⋯⋯⋯⋯⋯⋯⋯⋯⋯⋯⋯⋯

济南郡：治所在东平陵（今山东省章丘西）。
下邳郡：治所在下邳（今江苏省睢宁西北）。
晋安郡：治所在侯官（今福建省福州市）。

【历史名人】 ⋯⋯⋯⋯⋯⋯⋯⋯⋯⋯⋯⋯⋯⋯⋯⋯⋯

林则徐：福建侯官（今福建省福州）人，曾领导虎门销烟，是历史上著名的民族英雄。

林语堂：享誉海内外的文化名人、语言学家，代表作有《生活的艺术》、《京华烟云》等。

林伯渠：原名林祖涵，号伯渠，湖南临澧人，中共早期卓越领导人之一。

十七、何

【何姓来源】 ⋯⋯⋯⋯⋯⋯⋯⋯⋯⋯⋯⋯⋯⋯⋯⋯⋯

何姓人口众多，遍布南北，但南方多于北方。何姓在南方各省区中，一般均占各省人口的1%以上。何姓来源有五：

①出自姬姓，为周文王裔孙韩武子之后，其子孙中有一支居江淮一带，当地语音韩与何相近，因而讹为何，成为何姓。

②出自韩姓，为战国末期韩王安次子韩瑊之后，韩瑊避难时指"河"为氏，后称何氏，子孙相沿。

③少数民族中何姓。隋唐西域阿姆河、锡尔河流域氏族有"昭武九姓"，即康、史、安、曹、石、米、何、火寻和戊地。

④出自他姓改姓。安徽庐江黄屯何姓相传是明代方孝孺的后代，为了避难，方氏举家从江西迁到了安徽，并且改祖姓为何姓。鲜卑复姓贺拔氏随北魏孝文帝迁都洛阳后改为单姓何氏。

⑤出自赐姓。元朝末年吐蕃宣抚使锁南的儿子锁铭到朝廷办公，被赐姓何，他的后代便以何为姓。

【重要郡望】

庐江郡：西晋置，辖今东起安徽芜湖、北至寿县、南至江西九江的广大地区。庐江何氏具体在今安徽省霍山县东北境内。

陈郡：包括今河南的太康、西华、商水、淮阳、郸城、柘城等县。其中太康魏晋时期称阳夏，是陈郡何氏的发祥地，该家族的始祖是三国时魏国成阳亭侯何夔。

东海郡：何氏家族主要在东海郯县（今山东省郯城市）。该郡望大致形成于南朝刘宋时期，其分支较多。影响大者有三，南朝宋天文学家何承天一门最负盛名，另外两支为南朝诗人何思澄家族、南朝齐尚书郎何慧炬家族。

郫县：秦代置县，为今四川省成都西北的郫县。此支何姓开基始祖为西汉大臣何武。

扶风郡：三国魏时置郡，治所在槐里（今陕西省兴平东南）。

齐郡：西汉先为临淄郡，后改齐郡，治临淄（在今山东省临淄一带）。

何晏：三国时玄学家，为魏晋玄学的主要创始者之一。

十八、郭

【郭姓来源】

郭姓是当今中国姓排行第十八位的大姓，以河南、河北、山东、湖北、四川等省最多，郭姓源出有四：

①出自夏代大臣郭支和商代大臣郭崇。据传，此二人皆是禹的驭手郭哀的后代。

②以居住地为姓氏。"郭"，字义为外城，即因住在城外，而以郭为氏。

③出自姬姓。周平王将黄帝的后裔虢序封于阳曲，虢序因而号曰"虢公"。因虢、郭音同，又称"郭公"，他的一些后代便以郭为姓氏。

④出自他族或他姓改姓。据史料载，后周太祖郭威本常氏子，幼时丧父，其母改嫁郭氏，他便改姓郭。

郭沫若

姓氏

〇八九

少数民族如拉提氏、戈勒氏、鄂尔根千氏、瓦勒克氏、郭包勒氏、郭尔佳氏、郭罗罗氏、果尔齐氏等众多姓氏改为郭姓。

【重要郡望】 ∙∙∙

冯翊郡：三国时置郡，此支郭氏为太原郭氏分支，开基始祖为东汉冯翊太守郭孟儒。

汾阳县：西汉时置郡，此支郭氏为华阴郭氏分支，开基始祖为唐中书令郭子仪。

中山郡：治所为卢奴（现在河北省定州），其开基祖为唐朝中书侍郎郭正一。

颍川郡：治所为阳翟（现在南省禹州市），其开基祖为北齐黄门侍郎郭举。

【历史名人】 ∙∙∙

郭守敬：元朝著名文学家、水利学家、天文学家、数学家，主持编制了《授时历》，是中国古代一部很精良的历法。

郭沫若：四川省乐山人，现代史上杰出的作家、诗人、历史学家、考古学家，著有诗集《女神》《星空》，历史剧《屈原》，专著《甲骨文研究》等。

十九、马

【马姓来源】 ∙∙∙

目前，马姓为中国第十九位大姓，主要生活在北方，特别是西北地区。马姓源出有六四：

①出自赢姓，为帝颛顼裔孙伯益之后。战国时期，赵国将军赵奢受封于马服（今河北邯郸一带），人们称他为马服君。他的子孙以"马服"为姓，称马服氏，后来省去了服字，称马氏，世代姓马。

②源于金朝，始祖为西域人马庆祥，入居临洮狄道（今甘肃省境内），成为马姓一支。

③源于元朝，始祖是蒙古人月乃和，金末为凤翔兵马判官，以官名中"马"为姓，取名马祖常，其后人亦以马为姓。

④他族他姓改姓。如回族人内迁，采用汉字马姓，马姓为回族常见姓之一。清代满族人中的马佳氏，改姓为马。

【重要郡望】

扶风郡：汉置右扶风，三国时期改为扶风郡，治所在槐里（现在陕西省光平东南）。

京兆郡：今陕西省西安。汉以京兆尹、左冯翊、右扶风为三辅，三国魏改建京兆郡。

临安郡：宋建炎三年（1129年）升杭州为临安府，今属浙江省杭州市。

西河郡：汉有西河郡，在今内蒙古鄂尔多斯市东部及晋西等地。

广陵郡：秦置广陵县，东汉改为郡，在今江苏扬州西北。

华阴郡：古代县名，唐天宝元年改置郡，治所在郑县（今陕西省华县）。

马超：字孟起，三国名将，勇猛过人，官至骠骑将军。

马致远：元代著名的杂剧和散曲作家，"元曲四大家"之一。

二十、罗

罗姓是当今中国姓氏排行第二十位的大姓，70%的罗姓人口主要分布在四川、广东、湖南、江西、贵州和湖北等省。罗姓源出有三：

①出自妘姓。颛顼帝之孙祝融氏的后裔有妘姓，周朝时，妘姓子孙有一部分被封在宜城（今湖北省宜城市），称为罗国。后被楚国所灭，妘姓子孙便以国名"罗"为姓。

②出自赐姓。隋、唐、明时有赐姓罗氏者。

③出自他族或他姓改姓。北魏汉化时，鲜卑族复姓破多罗氏、叱罗氏皆改罗姓。唐代西突厥人的子孙以"斛瑟罗"为氏，后简化为罗姓。清代爱新觉罗氏的后代有的人已经改姓罗。现在苗族、土家族、瑶族、蒙古族、满族、土族、回族、壮族、朝鲜族、羌族等少数民族，都有很多罗姓人。

豫章郡：楚汉之际置郡，治所在今江西省。

长沙郡：战国秦置郡，治所在今湖南东部、南部，广东连州市、阳山，以及广西全州等地。

襄阳郡：东汉置郡，治所在今湖北省襄阳、南漳、宜城、当阳、远安等县。

【历史名人】

罗贯中：元末明初小说家，其著作《三国演义》，是我国小说史上的里程碑。

罗荣桓：军事家，多次领导著名战役，新中国成立后被授予"元帅"军衔。

二十一、郑

【郑姓来源】

郑姓是当今中国排行第二十一位的大姓，在我国分布比较广泛，尤其是在南方地区，以福建、浙江两省为最多。

①出自姬姓。黄帝裔孙后稷之后周宣王封小弟姬友于郑（陕西省华县东），姬友建郑国，史称郑桓公。后郑国为韩国所灭，亡国后的郑人为纪念故国以郑名氏，就得郑姓。

②他姓他族改姓。如唐朝尚书郑注本来姓鱼，后改姓郑；明代郑和本姓马，为回族人，因在"靖难之役"的郑村坝（今北京市东坝）一战中表现突出，故而赐姓"郑"。后来，郑和过继其兄马文铭长子为后，取名赐，遂繁衍为郑氏家族。

③今天少数民族中也有以郑为姓的，其姓氏来源和血统源流当是另有所出。

【重要郡望】

荥阳郡：三国时置郡，治所在荥阳（今河南省荥阳市东北），下辖包括开封在内八县。荥阳郑氏最早的居住地是开封县，即今天河南开封县朱仙镇古城村一带。

高密郡：西汉时置郡，治所在高密（今山东省高密市西南），辖区包括今天山东省潍坊市、高密县一带。

雍州郡：东汉时置郡，治所在长安（今陕西省西安市西北）。

陇西郡：战国时置郡，治所在狄道（今甘肃省临洮南）。辖区包括今天甘肃省东乡以东至临洮县一带陇西地区。

【历史名人】

郑和：明航海家，七下西洋，最远曾达非洲东岸等地，是世界航海史上的伟大人物。

郑成功：明末清初民族英雄，收复台湾的名将。

郑板桥：清朝书画家，"扬州八怪"之一。

二十二、梁

【梁姓来源】

梁姓是当今中国姓氏排行第二十二位的大姓。今日梁姓以广东最多，约占全省人口的4.7%。广东梁姓占全国梁姓人口的35%。梁姓来源主要有五：

①出自嬴姓伯益之后裔。伯益后裔之一秦仲的小儿子曾经建立梁国，但最终为秦所灭。梁国人为纪念祖国，大部分都以原来的国名为姓。

②出自姬姓。周平王之子唐的封地为南梁，后来南梁被楚灭掉，唐的后裔便以"梁"为氏。

③出自地名。春秋时晋国大夫梁益耳、梁弘和楚国大夫梁由靡的姓氏都是依所居之地而来。

④战国时，韩、赵、魏"三家分晋"后，魏国迁都于大梁，亦称梁国，后有人以"梁"为姓。

梁启超旧照

⑤他族他姓改姓。北魏孝文帝迁都洛阳后，将拔列兰氏改为梁姓。满族良佳氏，苗族有郎你氏，因其姓氏的发音很接近汉姓"梁"，也改姓梁。

【重要郡望】 ....

安定郡：西汉置郡，相当于现在的甘肃景泰、靖远、会宁、平凉、泾川、镇原及宁夏中宁、中卫、同心、固原等地。这支梁氏的开基始祖是春秋时晋国大夫梁益耳。

扶风郡：汉武帝设置右扶风，三国魏时改置郡，相当于现在的陕西省麟游、乾县以西，秦岭以北一带地区。这支梁氏，出自汉时安定梁氏的分支。

天水郡：西汉置郡，相当于现在的甘肃省通渭、静宁、泰安、定西、清水、庄浪、甘谷、张家川等县，以及天水市西北部、陇西东部、榆中东北部等诸多地方。天水梁氏，出自氏族梁氏。

河南郡：汉高帝置郡，相当现在河南省黄河以南洛水、伊水下游、贾鲁和上游地区，以及黄河以北原阳县。河南梁氏多来自匈奴。

下邳郡：南朝宋时置郡，治所在下邳（今江苏省睢宁县西北一带）。

【历史名人】

梁启超：资产阶级改良主义者、学者，倡导维新变法，所著被辑为《饮冰室合集》。

梁实秋：现代著名文学家，著有《雅舍小品》《雅舍杂文》《雅舍谈吃》等。

梁思成：中国近现代著名建筑历史学家、建筑教育家和建筑师，中国建筑教育的奠基人之一，中国古建筑研究的先驱者之一，中国古建筑和文物保护工作的倡导者之一，新中国首都城市规划工作的推动者，新中国成立以来几项重大设计方案的主持者。

二十三、谢

【谢姓来源】

谢姓是中华大姓，江南谢氏在历史上曾颇富名望，如今谢姓广布全国各地，在中国姓氏中排第二十三位。其源出大概有三：

①出自姜姓。姜太公传至63世孙申伯。周宣王念太公开国之功，且申伯为其妻弟，故封申伯于陈留郡谢邑（今河南唐河县南）。申伯子孙便以地为姓。

②出自任姓，为黄帝第七子之后。据传，黄帝二十五子，其中第七子为任姓，任姓建有10个小国，其中第一为谢国。后子孙散亡，以国名为姓，形成了此支谢氏。

③出自少数民族改姓：如唐代诗人谢偃，本姓直勒，其祖父为北齐散骑常侍，谢偃及第后改姓谢。又如土族谢加氏改姓谢。

【重要郡望】

陈留郡：秦代置郡，治所在陈留（今河南省开封县东南陈留镇）。

陈郡：秦代置，治所在陈县（今河南省淮阳）。

下邳郡：东汉置，治所在下邳（今江苏省睢宁西北）。

会稽郡：秦置，治所在吴县（今江苏省苏州市），辖境包括有浙江省大部及皖南一部。

冯翊郡：汉时置左冯翊，三国魏时改为冯翊郡，治所在临晋（相当于今陕西省大荔县一带地区）。

【历史名人】

谢安：东晋宰相，主持淝水之战，创造了以少胜多的著名战例。

谢玄：东晋大将，谢安兄谢奕之子，有经国才略。

谢朓：南朝齐国诗人，颇为李白所推许，为永明体作家中成就最高诗人。

谢灵运：南朝宋国著名诗人、画家、文学家，开创了文学史上山水诗派。

二十四、宋

宋姓是当今中国第二十四大姓，其源出有二：

①以国名为氏。纣王辛的长兄为微子启。纣王荒淫无道，微子启见进谏无效，便假装生病，不再参与朝政。周武王灭商以后，把商朝旧都商丘附近的土地封给了微子启，微子启立宋国。宋传国三十六世，后为齐、魏、楚三国灭而分之，其子民以国为氏，是为宋姓。

②出自少数民族改姓或赐姓而来。如五代时辰州（今湖南省沅陵）少数民族首领改宋姓；明初皇帝曾赐元人伯奇特兆尔姓宋名一诚；清贵阳府有宋姓土司，得姓于元朝；清世居沈阳、牛庄、铁岭的满洲人改宋姓；清高丽人（今朝鲜族）有改宋姓者。

【重要郡望】

京兆郡：西汉置郡，治所在长安（今陕西省西安市）。此支宋氏，为后汉侍中宋弘之族所在。

西河郡：治所在平定（今内蒙古自治区东县）。

广平郡：治所在广平（今河北省鸡泽）。

敦煌郡：治所在今甘肃省敦煌。

姓氏

弘农郡：治所在弘农（今河南省灵宝）。

乐陵县：治所在今山东省乐陵。

江夏郡：治所在安陆（今湖北省云梦）。

【历史名人】

宋玉：战国时楚国人，文学家，屈原的弟子，工于辞赋，擅长音律，代表作为楚辞《九辩》、《招魂》。

宋濂：浙江义乌人，明代文学家，著述甚丰，曾主修《元史》。

宋应星：江西奉新县人，明代科学家，所著《天工开物》共三卷十八篇，是我国古代综合性科学巨著。

宋庆龄：上海人，孙中山夫人，曾任中华人民共和国名誉主席，爱国主义战士，杰出的国际政治活动家。

二十五、唐

【唐姓来源】

唐姓源出有三：

①出自祁姓，尧之后。尧帝诞生于今唐县尧山（今河北唐县与顺平县交界处之伊祁山），以祁为姓，也叫伊祁。帝尧之子丹朱被舜封在唐地为唐侯，建立唐国。后其国被周成王所灭，其子孙有以国名为氏者，此为唐姓。周昭王时，为祭奉唐尧，封丹朱裔孙在鲁县（今河南省鲁山县）为唐侯，建立唐国。唐国后被楚所灭，子孙以唐为氏，此为豫鲁（今位于河南、山东两省之间）唐姓。

②出自姬姓。相传，春秋时楚地（今属湖北省）有

（明）唐寅《秋风纨扇图》

一支姬姓唐诸侯国，被楚所灭后，其子孙以唐为姓，称为唐氏，此为湖北唐姓。

③出自他族唐姓或他姓改姓。如汉代时南蛮白狼王为唐姓，三国时陇西（今属甘肃省）羌族中有唐姓者。元代西域畏兀人唐仁祖，其子孙以唐为姓。满族塔塔喇氏、唐古氏、唐尼氏、唐佳氏，后简改为唐氏。土族拉什唐氏改唐姓。另外，瑶、苗、蒙古等少数民族中均有唐姓者。

【重要郡望】：：：：：：：：：：：：

晋昌郡：晋永和中置郡，治所在长乐（今陕西石泉县）。此支唐氏，其开基始祖为十六国前凉凌江将军唐郓。

北海郡：汉时分齐郡置郡，治所在营陵（今山东昌乐东南）。

鲁国：西汉初改薛郡置鲁国，治所在鲁县（今山东曲阜）。晋改为郡。

晋阳县：秦置，治故晋阳城。秦汉为太原郡治所，东汉后又为并州治所。

唐寅：江苏苏州人，明朝文学家、书画家，与沈周、仇英、文徵明合称"明四家"，留有《六如居士全集》《画谱》等。

唐慎微：今四川省重庆人，宋代著名医药学家，编有《经史证类备本草》。

二十六、许

【许姓来源】

许姓是当今中国姓氏排行第二十六位的大姓，今日许姓以江苏、山东、云南、广东、河南、安徽、浙江等省居多。许姓源出有三：

①出自姜姓，为炎帝的后裔，以国为氏。据《元和姓纂》及《新唐书·宰相世系表》所载，许氏与齐氏同祖，为上古四岳伯夷后。"四岳"（尧舜时四方部落首领）是由姜姓发展出来的四支胞族，他们和姬姓部落结成联盟，跟子姓商族平行发展。以姬姓和姜姓部落为主的盟军打败了商纣王，建立了姬姓国——西周。周成王时，大规模地分封诸侯，其中商的旧地也分封了一些姬姓诸侯国和姜姓诸侯国，许国正是被周分封的姜姓诸侯国之一，其始祖为文叔，也称为许文叔。春秋时，许国成为楚国的附庸，战国初期被楚所灭。许国亡国后，子孙以国为氏，称许氏，史称许姓正宗。

②出自尧帝时许由的后代，以祖名讳为氏。据文献史料及考古发掘所证，许由是尧舜时期的高士贤人，居

住在箕山。他死后被葬在箕山，后人称为许由山。其后人在许由死后取其名讳为氏，称为许姓。

③出自其他源流。清代广西泗城府（今广西壮族自治区凌云县西南）土司及满、黎、瑶、彝、土家、阿昌、回、蒙古、朝鲜等少数民族均有许姓。

【重要郡望】

汝南郡：汉高帝时置郡，治所在上蔡（今河南上蔡西南）。此支许氏，其开基始祖为秦末隐居不仕的高逸之士许猗。

高阳郡：东汉桓帝时置郡，治所在高阳（今河北高阳县东）。此支许氏，为汝南许氏分支，是十六国许据的5世孙高阳太守许茂之族所在。

河南郡：汉高帝时改秦三川郡置郡，治所在雒阳（今河南洛阳市东北）。此支许氏，为文叔直系后裔。

太原郡：战国时秦庄襄王置郡，治所在晋阳（今山西太原西南）。此支许氏，为汝南许氏分支，是东汉末年大名士许劭之后。

会稽郡：秦始皇时置郡，治所在吴县（今江苏苏州市）。此支许氏，其开基始祖为东汉著名文学家许慎之后。

【历史名人】

许行：战国时楚国人，农家学派代表人，提出"贤者与民耕而食，饔飧（自理炊事）而治"，主张推行耕战政策，奖励发展农业生产。

许慎：汝南召陵（今河南省郾城）人，东汉经学家、文字学家，中国古代首部字典作者，著有《说文解字》。

二十七、韩

韩姓是当今中国排行第二十七位的大姓，人口众多，主要分布于我国北方的河南、陕西、山西、甘肃、河北、辽宁等省，南方则以江苏、安徽、浙江、湖北、福建等省为主。韩姓源出有二：

①出自姬姓，主要有三支：

黄帝裔孙韩经之后。黄帝当初居住在姬水，以姬为姓。黄帝有子昌意，昌意生子韩流，其后有韩经，尧时为仙人，韩经之后代有的遂为韩姓。

周成王封弟弟唐叔虞于韩地（今陕西省韩城），唐叔虞立韩国。其后代有以国为姓者。

春秋时曲沃（今山西闻喜东北）武公姬（即晋武公）灭掉了周成王之弟所建立的韩国，封其小叔叔姬万于韩，称为韩武子，武子的曾孙韩厥以封邑为氏，称韩氏。韩厥7世孙建立韩国，公元前230年被秦所灭后，其宗室子孙遂以国为氏，称为韩姓，并大都聚居于颍川郡。

②出自少数民族的复姓改为韩姓。据史书载，后魏时鲜卑族有二字姓大汗氏，孝文帝改革时，以"汗"与"韩"音相近，改单姓韩，称为韩氏。

一〇三

【重要郡望】

颍川郡：秦始皇时置郡，治所在阳翟（今河南禹州市）。

南阳郡：战国秦昭王三十五年置郡，治所在今河南南阳市。

【历史名人】

韩非：战国末期韩国人（今河南新郑），韩王室诸公子之一，战国末期重要思想家，法家创始人。

韩信：西汉初期著名军事家，辅佐刘邦平定天下，官至大将军，封为楚王，后贬为淮阴侯。著有《兵法》三篇。

韩愈：唐朝文学家，"唐宋八大家"之首，当时古文运动的倡导者，被后人称为"百代文宗"。

二十八、冯

【冯姓来源】

冯姓是当今中国姓氏排行第二十八位的大姓，在我国分布广泛，主要分布于广东、河南、河北、江苏、山东和云南等地。冯姓源出主要有二：

①出自姬姓，为周文王姬昌之后。据史料载，周文王第15子毕公高后裔毕万，西周时在晋为大夫。当时晋献公陆续攻灭了许多小国，毕万的一支孙系被封于冯城（今河南郑州荥阳市西），其后代以邑为姓氏，称冯姓。

②出自归姓，为春秋时郑国大夫冯简子之后。据史料

载，冯简子因封邑在冯而得姓。后冯邑被晋国所夺，成为大夫魏长卿的封邑，长卿的后裔也称冯氏。此是河南冯氏的又一支。

另外，还有出自其他方面的冯姓，如：出颍川郡者，为汉征西大将军冯异之后；出长乐者，为汉代宜都侯冯参之后；出弘农者，为南北朝时西魏宁州刺史冯宁之后；出河间者，为唐监察御史冯师之后。

【重要郡望】

颍川郡：秦王政十七年置郡。以颍水得名，治所在阳翟（今河南省禹州）。辖区包括今河南省登封、宝封以东，尉氏以西，密县以南，叶县、武县以北的地区。

长乐郡：有二处，一是后魏及隋代所置长乐郡，治所在今河北省冀州市一带，一是唐代所置长乐郡，治今福建省闽侯县。

弘农郡：西汉武帝元鼎四年（公元113年）时置郡。治所在弘农（今河南省灵宝北）。郡治相当于现在河南省内乡以西、陕西省祚永以东及华山以南地区。

河间郡：汉高帝时置郡。治所在乐城（今河北省献县东南）。平帝时相当于今河北献县、交河、武强等一部分地区。其后或为国，或为郡。

杜陵郡：梁置。治所在今陕西省西安市东南。此支冯氏的开基始祖为冯唐之弟冯骞。

【历史名人】

冯梦龙：明末文学家，通经学，善诗文，辑有话本集《喻世名言》《警世通言》《醒世恒言》，合称"三言"。

冯道：五代时历任四朝宰相。他在后唐任宰相期间倡议国子监校定《九经》文字，并组织刻工雕印，后世称此本为"五代监本"。官府大规模刻书自此始。

冯子材：清末著名的老将军，曾取得镇南关大捷，大败法国军，其名威震边关。

冯玉祥将军旧照

二十九、邓

【邓姓来源】

邓姓人口遍布全国，尤以四川、广东两省为多，邓源出有四：

①出自姒姓（夏的始祖大禹为姒姓）。相传夏朝时帝仲康有子孙封在邓国（今河南邓州一带），邓君的后世子孙就以国为氏，称邓氏。

②出自子姓（商族的始祖契为子姓）或曼姓。商王武丁封他的叔父（曼季）于邓国曼城，是为曼侯，称曼氏，曼氏后来又改封邓国（此邓国在今河南省孟州市的西南），经西周、春秋延续了600多年。西周时，邓国是周朝

南方较为重要的一个异姓侯国，但因与楚为敌，于公元前678年被楚国灭掉。邓侯子孙为纪念故国，便纷纷改姓邓，史称邓姓正宗。

③出自李氏。五代十国时期的南唐后主李煜的第8子李从镒，受封为邓王。公元975年南唐为北宋所灭后，宋太宗下令缉拿南唐宗室，李从镒之子天和出逃，以父亲封地为氏，其后世子孙遂称邓氏。

④少数民族改姓而来。如两晋时有羌人姓邓，清广西庆远府土司邓氏始于明朝，瑶族勒当氏汉姓为邓，还有满、壮、蒙古、哈尼、苗、土家等民族均有此姓。

【重要郡望】 ·······································

南阳郡：战国秦时置郡，治所在宛县（今河南南阳市）。此支邓氏以居新野而著称，其开基始祖为邓况。

安定郡：西汉时置郡，治所在今高平（今宁夏固原）。此支邓氏，其开基始祖为汉末武威太守邓晋生。

高密国：西汉置郡，治所在高密（今山东高密南）。此支邓氏，其开基始祖为东汉太傅、高密侯邓禹。

平阳郡：三国魏置郡，治所在平阳（今临汾西南）。此支邓氏，其开基始祖为西晋邓攸。

长沙郡：战国秦置郡，治所在临湘（今长沙市）。此支邓氏，其开基始祖为东晋荆州刺史邓粲。

陈郡：秦时置郡，治所在陈县。此支邓氏，为晋代广州刺史邓岳之族所在。

洛阳：秦始置县。此支邓氏，为东汉大将军邓骘之后。

【历史名人】

邓艾：义阳棘阳（今河南省新野）人，三国时曹魏名将。

邓颖超：祖籍河南省光山，生于广西南宁，无产阶级革命家、政治家，著名的社会活动家，中国妇女运动的先驱。

邓小平：四川省广安人，中国共产党第一、第二代领导集团主要成员，中国改革开放的总设计师，为社会主义革命和社会主义建设事业做出了杰出贡献。

三十、曹

【曹姓来源】

曹姓是当今中国排行第三十二位的大姓，人口众多，以黄淮流域分布最为集中，尤以四川、河北、河南、湖北等省人口为多。综合各种史料，曹氏的源流主要有四：

①姬姓的后代。公元前11世纪，周文王之子、周武王之弟叔振铎被封于曹地（今河南省灵宝市东曹城），立曹国，其子民以曹为姓。商代曹人东迁，最后定居于陶丘（今山东定陶县）。

②亦出自姬姓，为黄帝之孙颛顼帝后裔曹安之后。据载，颛顼帝之后裔曹安被封于曹（今山东省定陶县西南），其后子孙被改封于邾国（今山东省曲阜东南），邾国被楚所灭后，邾人有以原国名为姓，称为曹氏。故此支曹氏的姓源往往同朱氏联系起来。

③古代曹国人来中国后以曹为姓。古代的曹国，大约

在今乌兹别克共和国撒马尔罕的北方和东北方一带，7世纪中期归附唐朝。当时，有曹国人来中原，有的以曹为姓，传之后世。

④少数民族改姓。女真族粤屯氏，满族索佳氏、索绰络氏、鄂托氏、拉祜族劳朝氏，普米族本牙海氏均有改曹姓者。

【重要郡望】 ::

曹姓在长期发展中，形成许多郡望，以下几个最为著名：

谯郡：东汉末年从沛郡分出置郡。治所在亳州（今安徽省亳县）。辖区包括今安徽、河南两省的灵璧、蒙城、太和、鹿邑、永城之间的地方。

彭城郡：西汉时置，东汉时改为彭城国。治所在彭城（今江苏省徐州市）。辖区包括今山东省微山县，江苏省徐州市、沛县东南部。

高平郡：晋时置，治所在今山东省金乡。治辖包括今天的山东独山湖、金乡、巨野、邹县之间的地方。

巨野县：西汉置县，治所在今山东省巨野。

【历史名人】 :::

曹刿：春秋时期鲁国名将。鲁庄公时主持长勺之战，以少量兵力战胜齐军。

曹操：安徽亳州人，三国时的著名政治家、军事家、诗人。曹操本姓夏侯。其父夏侯嵩是得宠宦官曹腾的养子，改姓曹。

曹丕：即魏文帝，曹操之子，三国时魏国的建立者。他还被尊为当时文坛领袖，代表作为《燕歌行》、《典论·论文》。

曹雪芹：生于南京，清代著名文学家，他的名著《红楼梦》为中华民族留下了一部宝贵的遗产。

三十一、彭

【彭姓来源】

彭姓分布广泛，尤以湖南、四川、湖北等省分布最多，其源出有三：

①出自篯姓，为颛顼帝玄孙陆终第三子篯铿之后，以国名为氏。据《通志·氏族略》和《姓氏寻源》所载，颛顼帝有玄孙陆终，陆终第三子姓篯名铿，受封于彭地（今江苏省徐州），建立大彭国，称为彭祖，其子孙以国为姓，称为彭氏。

②为帝喾时的火官祝融之后。据《国语》载："祝融之后，八姓，己、董、彭、秃、女、斟、曹、芊，周灭之。"意即彭姓为祝融之后八姓之一。

③汉后他族改姓。据考证，清时满、蒙、回、苗、白、瑶、土家、苦聪、彝、拉祜等民族有彭姓，皆由他姓改姓。

【重要郡望】

陇西郡：秦置，治所在狄道（今甘肃省临洮南）。曹魏时移治襄武（今甘肃省陇西南）。隋唐为渭州陇西郡。

淮阳郡：汉置，治所在今河南省淮阳县。

宜春县：西汉初年置县，隋唐时设州，治所在宜春（今江西省西部，邻接湖南省）。

【历史名人】

彭祖：尧的臣子篯铿。陆终氏第三子，帝颛顼之后裔，历虞夏至商，相传活了七、八百岁。因封于彭城，故称为彭祖。后世用以喻长寿之人。

彭越：西汉初昌邑（今山东省金乡西北）人，汉初诸侯王，与当时的韩信、英布并称为"三王"。

彭德怀：湖南省湘潭人，无产阶级革命家、政治家、军事家，中国人民解放军副总司令，中国人民志愿军总司令，十大元帅之一。

三十二、曾

【曾姓来源】

我国曾姓人口众多，尤以四川、湖南、广东、江西等省多此姓，上述四省曾姓人口约占全国汉族曾姓人口的66%。

曾姓来源比较纯正，据史料载，主要出自姒姓，为禹的后裔。相传帝舜时，鲧的妻子梦食薏苡，次日生禹，因此舜便赐禹姒姓。史载，禹的第5世孙少康中兴夏室后，曾把自己最小的儿子曲烈封于鄫地（今山东省苍山县西北）。曲烈立鄫国。该国历经夏、商、周三代，大约相袭近两千年，直到春秋时被莒国所灭。之后，鄫国太子巫流亡到邻近的鲁国，并在鲁国做了官。巫的后代怀念故国，用"鄫"为氏，后去邑（阝）旁，表示离开故城，称曾氏，此后世代相承，一直流传到今天。曾氏家族长久以来很少有被外族或外姓冒姓的记录，现在中国的曾姓人，基本是一脉相承。曾姓四千年前是一家，乃名副其实。

【重要郡望】 ∶∶∶∶∶∶∶∶∶∶∶∶∶∶∶∶∶∶∶∶∶∶∶∶∶∶∶∶∶∶

鲁郡：西汉置鲁国，治所在鲁县（今山东曲阜）。辖区包括今山东曲阜、藤县、泗水等县地。晋改为鲁郡。

天水郡：西汉置郡，治所在平襄（今甘肃通渭县西北）。相当于今甘肃通渭、秦安、定西、清水、庄浪、甘谷、张家川等县及天水市西北部、陇西东部、榆中东北部地。

庐陵郡：东汉时置郡，治所在石阳（今江西吉水东北），三国吴移治高昌（今江西泰和西北）。辖区包括今江西永新、峡江、乐安、石城以南地区。

鲁阳县：汉置县，治所在今河南鲁山县。

【历史名人】 ∶∶∶∶∶∶∶∶∶∶∶∶∶∶∶∶∶∶∶∶∶∶∶∶∶∶∶∶∶∶

曾皙：亦称曾点，春秋时期鲁国武城人（今山东省费县）。著名的孔子七十二贤弟子之一。

曾子：即曾参，曾皙之子，春秋末期鲁国南武城人，他是孔子的弟子，以孝著称。相传《大学》是他所著，被后世儒家尊为"宗圣"。

曾巩：南丰（今属江西省）人，北宋文学家，"唐宋八大家"之一，世称南丰先生，留有《元丰类稿》。

曾国藩：湖南湘乡人，清末洋务派和湘军首领，曾任内阁学士、两江总督等职，留有《曾文正公全集》。

三十三、萧

【萧姓来源】

春秋时，宋国勇将南宫长万攻打鲁国被俘，几个月后放回宋国。公元前682年秋，与宋闵公于后宫博戏。闵公无意嘲笑了长万曾当俘虏，长万顿时恼羞成怒，打死了宋闵公，又杀了几个大臣，立公子游为国君。宋国公子纷纷逃往萧邑（今安徽萧县）。萧邑大夫大心组织军队，杀逐南宫长万及其同党，平息了内乱。宋闵公的弟弟桓公即位后，把大心封在萧地，称为萧叔，其后人就是萧氏。

新中国成立后《第一批异体字整理表》和《汉字简化方案》颁布后，很多人认为"萧"是"肖"的异体字，或认为"肖"是由"萧"简化而来。于是不少"萧"姓者为书写简便，把"萧"写作"肖"；一些部门的工作人员在为"萧"姓者办理证件、手续，登记姓名时，也常将"萧"写作"肖"。

其实，历史上，"萧""肖"并非一姓。二姓都是很古老的姓，春秋时就已并行。但姓萧者远远多于姓肖者。萧姓两千多年来一直在使用，而肖姓在汉代后就极少了，这从各时代的姓谱中可以得到证明。可以说，如今国内姓"肖"者99%以上都是原来"萧"姓者所改。因此，目前海内外萧姓者都一致呼吁所有"肖"姓家人都尽可能改回

姓氏

祖宗留下的"萧"姓。

【重要郡望】

兰陵郡：历史上有"北兰陵"和"南兰陵"之分。"北兰陵"在今山东省枣庄市一带，西晋置郡，西汉丞相萧何的后代多聚居于此。隋时废此郡。"南兰陵"在今江苏省武进区一带，东晋置郡，是东晋时萧姓南迁后主要聚居地。

河南郡：治今河南省洛阳市东北。

【历史名人】

萧何：沛县（今属江苏省）人，汉初名臣，为楚汉战争取得胜利做出了重大贡献，后因功被封为酂侯。

萧衍：南朝南兰陵（今江苏省武进区）人，南朝齐时著名大将，后因朝廷腐败内乱，代齐称帝，建立梁朝，史称梁武帝。

三十四、田

【田姓来源】

田姓在全国分布广泛，以河南、四川、山东、山西、河北等省为多，其源出有三：

①出自妫姓，舜帝之后，为陈氏所改。相传帝舜当天子之前，帝尧把两个女儿嫁给了他，让他们在妫汭河边居住，他们的子祖孙有留在妫汭河一带的，就是妫姓。周武王灭商后，建立了周朝，便追封前代圣王的后人，找到了帝舜的后裔妫满（为帝舜之子商均的第32代孙）。武王封

妫满为陈侯，妫满立陈国，其子孙便以陈为姓。春秋时，妫满的第10代孙陈完被齐桓公封于田地（在今天山东省内），陈完便采地为氏，改称田氏，后世代相承。

②出自黄姓。据《明史》载，明初有辅佐惠帝之黄子澄，因上削藩之策而激怒诸侯，被杀。其子黄子经为避祸改为田终，迁居今湖北省咸宁一带，后世子孙也以田为姓。

③出自少数民族。如金时女真人阿不哈氏，有改汉姓田者；清时贵州思南府土司姓田，为白族；西夏人有姓田者；如今满、苗、彝、土家、蒙、藏、朝鲜族等均有此姓。

【重要郡望】

北平郡：西汉置郡，治所在今河北省满城北。

雁门郡：战国时置郡，秦汉时治所在善元（今山西省右玉南），三国魏移治广武（今山西省代县西）。此支田氏，其开基始祖为唐太尉田承嗣。

京兆郡：汉置，治所在长安（今陕西省西安市）。此支田氏，为西汉大臣田蚡之后。

河南郡：汉置，治所在雒阳（今河南省洛阳市东北）。此支田氏，其开基始祖为北宋右谏大夫田瑜。

太原郡：治所在晋阳（今山西省太原市西南），此支田氏多源出匈奴。

【历史名人】

田文：山东省藤县人，战国时齐国名臣，他轻财下士，门客三千，号孟尝君，为战国四大公子之一。

田横：狄县（今山东高青东南）人，是战国末齐王田荣的弟弟，秦末从兄起兵，重建齐国。汉建立，率徒五百人逃亡海岛，因不愿称臣于汉，全部自杀，此岛后称"田横岛"。

田汉：湖南省长沙人，中国现代剧作家、诗人，代表作有《中华人民共和国国歌》等。

三十五、董

【董姓来源】

目前，董姓遍布全国，以河北、山东、山西、云南、辽宁、浙江等省最为集中。董姓源出主要有二：

①出自己姓。相传颛顼的己姓（颛顼之孙叫吴回，吴回之子陆终，陆终的大儿子名樊，赐己姓，封在昆吾国）之后董父，精于饲龙，很得帝舜的赏识，故赐董父以董为姓，其后代亦赐姓董。

②出自姬姓，以官为氏。春秋时，周朝有大夫辛有，辛有有两个儿子在晋国任太史，董督（考察并收藏之意）晋国的典籍史册，他的子孙世袭晋国史官，以官为氏，称董氏。

此外，也有他族他姓改姓董的，如满、蒙、朝鲜等少数民族中如今姓董者，大多是改姓而来。

【重要郡望】

陇西郡：战国秦昭襄王置郡，治所在狄道（今甘肃省临洮南）。三国时魏移治襄武（今甘肃省陇西南）。

济阳郡：汉景帝置国，后改为郡，治所在定陶（今山东省定陶县西北）。相当于今山东省菏泽附近，南至定陶，北至濮城地区。

董仲舒：西汉儒学家。提出"罢黜百家，独尊儒术"的建议，为汉武帝采纳，开此后两千余年封建社会以儒学为正统的先声。

董存瑞：河北怀来人，中国人民解放军战斗英雄。1948年在解放热河隆化战斗中舍身炸碉堡壮烈牺牲。

三十六、袁

【袁姓来源】

目前，袁姓人在全国分布广泛，尤以四川、河北、江苏、河南、江西、浙江等省多此姓。袁姓源出有二：

①出自妫姓，为帝舜之裔。据史载，周时陈国始君妫满（帝舜之裔）之11世孙诸，字伯爰。陈诸之孙涛涂，从齐桓公盟会，赐邑阳夏（故城在今河南省太康）。涛涂以祖父字为姓（古时爰、袁、辕相通），称为袁氏。

②出自少数民族。如满、蒙、回、土家、彝、瑶、白、朝鲜族等均有此姓。

【重要郡望】

陈郡：秦置陈郡，治所在陈县（今河南省淮阳）。西汉淮阳国，东汉陈国，献帝时改陈郡，均治陈县（今淮阳）。隋唐为陈州淮阳郡。此支袁氏为袁涛涂裔孙直系。

汝南郡：汉时置郡，治所在上蔡（今属河南省上蔡西北）。此支袁氏为陈郡袁氏分支，其开基始祖为东汉明帝时名臣袁安。

襄阳郡：东汉置，治所在襄阳（在今湖北省襄樊）。此支袁氏出自汝南郡，开基祖为三国袁术。

彭城郡：指今江苏徐州。传尧封彭祖于此，为大彭氏国。秦置彭城县。西汉后期一度以楚国为彭城郡，治所在彭城（今江苏省徐州）。此支袁氏亦出自陈郡。

【历史名人】

袁绍：汝南汝阳（今河南高水西北）人，东汉末年最大的割据势力之一。

袁宗道、袁宏道、袁中道：为三兄弟，湖北省公安人，明朝学者，提倡"性灵"说，公安派的代表人物。

袁枚：钱塘（今浙江省杭州）人，清朝文学家。其诗文自成一

袁崇焕像

格，著有《小仓山房集》《随园诗话》等书，为清代"江右三大家"之一。

袁崇焕：明代广东省东莞人。有胆略，好谈兵。

三十七、潘

【潘姓来源】

潘姓是当今中国姓氏排行第三十七位的大姓，人口较多，分布广泛，尤以广东、江苏、安徽、内蒙古、河南、四川、湖北、浙江等省区多此姓。潘姓来源有三：

①出自姬姓，为周文王子毕公高后。毕公高封其子季孙于潘，附庸于毕国。据说其地在今陕西省北部，子孙以邑命氏。

②为春秋时楚国公族潘崇之后。据史载，潘崇助楚穆王继位有功，受封为太师，其后代子孙以祖名为姓，称为潘氏。

③出自他族改姓或赐姓。如北魏孝文帝汉化改革时，改鲜卑破多罗氏为单姓潘。清康熙末年，台湾岸里大社（今台湾省台中市神岗）酋长阿穆归顺清廷，被赐姓为潘；光绪时，台湾高山族相率归化清廷，也被赐姓潘。

【重要郡望】

广宗郡：东汉置，治所在今河北威县东。此支潘氏，其开基始祖为晋代广宗太守潘才。

河南郡：汉高帝治郡，治所在雒阳（今河南省洛阳市）。此支潘氏，多为鲜卑破多罗氏之后。

荥阳郡：三国魏正始三年（公元242年）始置郡。此支潘氏，为汉献帝时尚书左丞潘勖之族所在。

豫章郡：楚汉之际始置郡，治南昌（今江西南昌），辖境大致同今江西省。此支潘氏，为春秋时楚国公族潘崇之后。

潘天寿：浙江省宁海人，现代画家、美术教育家，擅长写意花鸟和山水画，著有《中国绘画史》《治印谈丛》等。

三十八、于

【于姓来源】┈┈┈┈┈┈┈┈┈┈┈┈┈┈┈┈┈

于姓是典型的北方姓氏，分布广泛，目前以山东、河南、黑龙江、辽宁、吉林等省此姓尤多。于姓源出有四：

①出自姬姓，为周武王姬发的后代。据史载，周武王克商后，封次子邘叔于邘（故城在今河南省沁阳西北于邘邰镇），邘叔立邘国。后来，邘叔的子孙就以国名为氏，有的姓了邘；有的则去邑旁姓于，是为河南于氏，史称于姓正宗。

②出自复姓淳于氏，为唐代时避讳宪宗李纯所改单姓于氏。据史料载，唐贞观年间淳于氏被定为皇族七姓。至唐宪宗李纯时，为避讳（"纯""淳"同音），复姓淳于氏改为单姓于氏。至宋代，部分于姓恢复淳于姓，也有一部分沿袭未改的，形成此支于氏。

③出自北魏时鲜卑族万忸于氏。这一支于氏是鲜卑族的万忸于氏所改，一向被当作外来的姓氏看待，但在实际上，他们仍然是汉族于姓的后代。汉代时，有一位名为于公的人，随着拓跋氏离开中原，且为了适存于鲜卑族而改姓为万忸于氏。后来，鲜卑族拓跋珪在北方建立北魏，此支才又改复姓为于。

④出自赐姓或少数民族改姓。如明朝时赐元人巴延达哩姓于名忠，清八旗尼玛哈氏改于姓。

【重要郡望】

河南郡：汉高祖时置郡，治所在洛阳，辖区包括今河南省黄河以南洛水、伊水下游，双自河、贾鲁河上游地区及黄河以北原阳县。此支于氏，大概为于氏始祖邘叔的直系后裔。

东海郡：秦置郡，治所在炎（今山东炎城北）。辖区包括今山东费县、临沂、江苏赣榆以南，山东枣庄市、江苏邳州市以东和江苏宿迁、灌南以北地区。此支于氏，应为北魏鲜卑族复姓万忸于氏改汉字单姓于氏的后裔。

河内郡：楚汉之际置，治所在怀县（今河南武涉西南），辖区包括今河南黄河以北，京汉铁路（包括汲县）以西地区。此支于氏，亦为邘叔的直系后裔。

【历史名人】

于谦：浙江省钱塘（今杭州）人，明朝名臣，有"粉身碎骨浑不怕，要留清白在人间"的千古名句。

于成龙：山西省永宁（今属交口）人，清代廉吏，官至两江总督。其为官清廉，重视学校教育，康熙赞其"天下廉吏第一"。

三十九、蒋

【蒋姓来源】

蒋姓源出十分单一，俗称"天下无二蒋"。蒋姓出自姬姓，西周初期，周公姬旦的第三子伯龄，被封在蒋（今河南省淮滨县），建立蒋国。后来蒋国为楚国所灭，伯龄的后代子孙就以原国名为姓，称蒋姓。今天绝大多数蒋姓人都是伯龄的后裔。

【重要郡望】

东莱郡：东莱郡始建于西汉高祖时，治所在掖县（今山东省莱州市），东汉时移治黄县（今山东省龙口市东）。

乐安郡：东汉置国，治所在临济（今山东省青县高苑镇西北）。相当于现在山东省博兴高青、桓台、广饶、寿光市等地区。三国魏时改置郡，治所移至高苑（今山东省博兴西南）。

【历史名人】

蒋　植：江西铅山人，清戏曲作家、文学家，曾任翰林院编修，著作甚丰，诗文负盛名，与袁枚、袁翼并称江右三大家。

四十、蔡

【蔡姓来源】

目前，蔡姓在我国分布广泛，尤以广东、浙江、江苏、四川等地多此姓。蔡姓源出主要有三：

①出自姞姓，为黄帝支裔。相传，黄帝有25子，得姓者14人，为12姓，姬、酉、祁、己、滕、任、荀、葴、僖、姞、儇、依是也。据说，姞氏封于燕（今河北北部），后来又分为阚、严、蔡、光、鲁、雍、断、须密氏。蔡氏即为其一。

②出自姬姓。据史料载，周武王灭商后，大封同姓

诸侯于各地，将其弟叔度封于蔡（故址在今河南上蔡西南），让他与管叔、霍叔一起监管殷的遗民，称为"三监"。武王死后，周成王年纪太小，周公旦（武王的弟弟，又称周公）临朝摄政。管叔、蔡叔（叔度）、霍叔等嫉妒周公，便联合武庚反叛，周公讨伐武庚，事后处死管叔，并将蔡叔放逐。不久，蔡叔死于迁所。其子胡则能认识到父亲的过错，贤德有才。后来，成王改封蔡叔度的儿子胡于蔡，是为蔡仲。蔡仲立蔡国，蔡国传23代，后被楚国攻灭，子孙以国为姓氏，称蔡氏，散居各地。

③少数民族改姓而来。女真族乌林答氏、满族蔡佳氏改汉姓为蔡姓。

【重要郡望】

济阳郡：晋惠帝时分陈留郡置郡，治所在今山东省济阳。

汝南郡：治所在今河南省商水县西北。

丹阳郡：治今江苏省镇江市。

高平郡：治今宁夏回族自治区固原。

朔方郡：治今陕西省靖边。

【历史名人】

蔡伦：桂阳（今湖南省郴州）人，东汉宦官，改进了造纸术，为我国古代最伟大的发明家之一。

蔡文姬：陈留（今河南省开封市陈留县）人，东汉时著名女诗人，博学有才辩，通音律。其入胡的故事家喻户晓，作品以《胡笳十八拍》最为著名。

蔡元培：浙江省绍兴人，早年参加民主革命运动，积极倡导科教育人，实行先进办学方针，提倡民主、科学，曾先后出任北京大学校长、中央研究院院长、司法部长等职。

四十一、余

【余姓来源】

余姓源出主要有三：

①出自姒姓。相传大禹生有三子，小儿子罕出生后不久，禹妻去世。禹妻为绍兴涂（古时涂即为余）山之女，禹于是封小儿子姓余，有纪念妻子之意。此为余氏一支。

②春秋时秦由余之后，以祖名为氏。据史料载，春秋时秦国有个臣子叫由余，他的祖先是晋人，避乱于西戎。由余本来在西戎为官，后奉命出使秦国，见秦穆公贤德大度，就留在秦国为臣。他为穆公谋划征伐西戎，使秦国成为西方霸主。他的后代子孙以其名字为姓，有的姓由，称为由氏；有的姓余，称为余氏。

③由他族和他姓改姓而来。如云南镇雄县余姓，相传系铁穆复姓所改，为元太祖成吉思汗时铁穆氏宰相之后。铁穆一家忠良守正，太祖却听信谗言，要捉拿铁穆宰相的五个儿子。五子星夜出城，逃至贵州，见太祖亲领追兵前来，就躲在凤锦桥下。追兵到来时，有人见桥下水波动荡，提出可疑，太祖未加细查，随口说："江中有水，水中有鱼，何必大惊小怪，快快继续向前追赶。"铁穆氏五兄弟逃脱后，原想改铁穆氏为金氏，最后决定改为余氏。

"余"比金字少一横，又是"水中有鱼"的"鱼"的谐音，堪称一字双关。除此之外，四川、甘肃一带白马藏族之严茹氏、热则氏、陪茹氏，锡伯族余木尔其氏中也有改汉余姓的。

【重要郡望】 ············

新安郡：晋置，治所在始新（今淳安西）。相当于今浙江省淳安以西，安徽省新安江流域、祁门等地。

下邳郡：东汉置，治所在下邳（今江苏省睢宁西北），辖地北至江苏新沂、邳州市，南至安徽嘉山，东至江苏省涟水、淮安和靖江市。

吴兴郡：三国吴置，治所在乌程（今浙江省吴兴南），相当于今浙江省临安、余杭、德清一线西北，兼有江苏省宜兴县地。

余光中像

【历史名人】 ············

余三胜、余叔岩：湖北省罗田人，著名京剧表演艺术家。余三胜对老生唱腔颇多创造，与程长庚、张二奎齐名。其孙余叔岩集百家之长，形成自己的表演风格，世称"余派"。

余光中：生于南京，现代文学家，著述甚丰，有《舟子的悲歌》《五陵少年》《天狼星》等十几部诗集，散文集《逍遥游》《乡的牧神》等。

四十二、杜

【杜姓来源】

杜姓源出有三：

①出自祁姓，帝尧之后。上古时代，帝舜封尧的儿子丹朱在唐（今山西省翼城），丹朱的子孙在夏和商时都是诸侯。周初成王时，唐国不敬天子，被当时摄政的周公旦灭掉，而把其弟叔虞封于唐，把唐国原国君后裔迁到杜（今陕西杜陵），是为唐杜氏。周宣王时，唐杜国君桓在朝中任大夫，后世称杜伯。杜伯才貌出众，周宣王的宠妃女鸠总是设法勾引他，但正直的杜伯不为所动。女鸠恼羞成怒，反诬杜伯欺负她，周宣王于是斩杀了杜伯。杜伯死后，其子孙或逃亡或留在国内。杜伯遗族以国为氏，称为杜氏。

②出自上古杜康之后。相传杜康是上古黄帝时期的人，为酒的发明者，其后世以杜为姓。

③出自他族改姓。如北魏时有鲜卑代北独孤浑氏，金时女真人徒单氏、满族都善氏、图克坦氏、鄂伦春族杜宁肯氏、裕固族杜曼氏、达斡尔族德贡氏、达力德尔氏等都改姓杜。

【重要郡望】

京兆郡：汉置，相当于现在的秦岭以北、西安市以东、渭河以南的地方。

襄阳郡：分南郡、南阳两郡，相当于现在的湖北襄阳、南漳、宜城、远安、当阳等地。

濮阳郡：相当于现在的河南省渭县、濮阳、范县，山东省郭城等地。西晋末年改为郡。

汉阳郡：治所在今湖北省汉阳。

南阳郡：治所在今河南省南阳。

【历史名人】

杜甫：河南巩县（今巩义市）人，唐代伟大的现实主义诗人，被人称为"诗圣"，有《杜工部集》传世。

杜如晦：京兆杜陵人，初唐名相，深得李世民器重。

杜佑：京兆杜陵人，唐朝史学家，编《通典》二百卷，是中国第一部记述典章制度的通史，官至宰相。

杜牧：京兆万年人，杜佑之孙，唐代著名诗人，著有《樊川集》。

四十三、叶

【叶姓来源】

叶姓人口较多，分布广泛，尤以福建、广东、江苏、江西等地人数最多，分布最密集。叶姓来源主要有二：

①自芈姓沈氏，为帝颛顼后代季连（赐姓芈）之后。春秋时期，季连后裔楚国左司马沈尹戌之子沈诸梁，才能出众，楚惠王时期被任命为楚国北边要邑叶邑（今河南叶县南旧城）的行政长官，因楚县尹通称为"公"，故称

"叶公"。叶公在叶邑兴修水利，使当地的生存环境有了较大的改善，受到当地人的拥戴。他助惠王平定白公之乱，身兼要职而不恋权位，后委其事于子，自己归隐终老于叶邑。其后裔以邑为氏，叶邑成为叶氏祖地，叶公成为叶氏始祖。由上可见，沈、叶本为同宗。

②出自他族他姓改姓。古姓中的"叶阳氏"、"叶大夫氏"等复姓在漫长的历史发展中逐渐改为单姓叶。清代满族纳喇氏、叶赫勒氏、德昂族亥氏也有改叶姓者。

【重要郡望】 ∙∙∙∙∙∙∙∙∙∙∙∙∙∙∙∙∙∙∙∙∙∙∙∙∙∙∙∙∙∙∙∙∙∙∙

南阳郡：战国时秦昭王置。治所在宛县（今河南南阳市）。相当于现在河南熊耳山以南叶县、内乡间和湖北大洪山以北应山、郧县间地。

下邳郡：东汉时置国。治所在下邳（今江苏睢宁西北）。南朝宋时改为下邳郡。辖地北至江苏新沂、邳州市，南至安徽嘉山，东至江苏涟水、淮安和清江市。

【历史名人】 ∙∙∙∙∙∙∙∙∙∙∙∙∙∙∙∙∙∙∙∙∙∙∙∙∙∙∙∙∙∙∙∙∙∙∙

叶梦得：江苏吴县人，南宋高宗时名臣。其人博学多才，留有《建康集》《避暑录话》《石林燕语》等。

叶剑英：广东省梅县人，著名的无产阶级革命家、军事家，中国人民解放军十大元帅之一。

叶圣陶：江苏苏州市人，著名的作家、教育家。代表作有长篇小说《倪焕之》童话集《稻草人》短篇小说《潘先生在难中》、教育论著《叶圣陶语文教育论集》等。

四十四、程

【程姓来源】

程姓人口较多，目前主要分布在河南、安徽、四川、山西、陕西、山东等省，其中河南最多。程姓源出主要有二：

①出自姬姓，颛顼之后。颛顼，为黄帝孙，姓姬，号高阳。相传上古时，颛顼之后重黎为火正之官，掌管民事。商时重黎之裔孙被封于程（今河南省洛阳市东，一说在今陕西咸阳市东），建立程国。其子孙后以国为氏，称程氏。

②出自荀姓，以邑为氏。据史料载，春秋时晋国公族叔受封于荀邑（今山西省正平县西），其后以邑名"荀"为氏。后晋国荀氏的支子（非正妻长子或妾生子）食采于程邑（今山西省新绛县东北），其子孙以邑为氏，称程氏。

【重要郡望】

广平郡：西汉置，治所在广平（今河北鸡泽东南）。辖区包括今河北任县南和、鸡泽、曲周、永年及平乡西北肥乡东北一部分地区。

河南郡：西汉置，治所在阳（今河南洛阳市东北）。辖区包括今河南黄河以南洛水、伊水下游，双自河、贾鲁河上游地区及黄河以北原阳县。

安定郡：西汉置，治所在高平（今宁夏固原）。辖区包括今甘肃景泰、靖远、会宁、平凉、泾川、镇原及宁夏中宁、中卫、同心、固原等地。

【历史名人】

程婴：春秋时晋国人，著名的忠义之士，与公孙杵臼设计营救赵氏孤儿，报仇雪恨后自杀殉友。

程普：右北平土根（今河北省丰润东）人，三国时吴国荡寇将军，初从孙坚，后助孙权经营江南。

程颐、程颢：河南洛阳人，宋明理学的奠基人，世有"二程"之称。其学说后为大理学家朱熹继承和发展，创立了程朱理学体系，世称"程朱理学"。

四十五、苏

【苏姓来源】

苏姓源出主要有二：

①颛顼帝之后。颛顼帝裔孙吴回为帝喾火正，生子陆终。至周武王，陆终后裔忿生为司寇，受封于苏地（今河南辉县西的苏岭），建立苏国，后迁都于温（今河南省温县西南）。其后代子孙遂以国名为姓，称为苏氏。

②出自古代少数民族改姓。如北魏孝文帝汉化改革，改鲜卑族代北复姓跋略氏单姓苏；清满族苏佳氏、苏都哩氏、苏尔佳氏，锡伯族苏木尔氏，土族苏卜氏，彝族阿苏氏，均改汉姓为苏。

如今，苏姓在全国分布广泛，尤以河南、广东省为多。而广东苏氏大概为北宋时北方苏氏迁徙而至。

【重要郡望】

武功郡：战国时秦孝公置，治所在今陕西省眉县东四十里、渭河北岸。

蓝田县：秦置，治所在今陕西省蓝田县。

河南郡：汉高帝置，治所在雒阳（今河南省洛阳市一带）。辖境相当于今河南省黄河以南洛水、伊水下游及黄河以北原阳县。

洛阳郡：东魏置洛阳郡，治所在今河南洛阳东汉水北岸。

【历史名人】

苏秦：河南洛阳人，战国时的纵横家，曾成功地劝说六国国王联合抗秦，身佩六国相印。

苏武：杜陵（今陕西省西安）人，汉武帝时出使匈奴，被匈奴羁留十九年，牧羊于北海（今俄罗斯贝加尔湖附近），啮雪吞旃，而仍杖汉节，为保持民族气节树立了榜样。

苏轼：眉州眉山（今四川眉山）人，北宋文学家，唐宋八大家之一。在诗、词、文、书法方面都颇有造诣。与父洵、弟辙合称"三苏"。

四十六、魏

【魏姓来源】

魏姓是当今中国姓氏排行第四十六位的大姓，人口较多，遍布全国各地。魏姓源出主要有三：

①出自姬姓，为周文王裔孙毕万之后，以邑为氏或以国名为氏。据史料载，周文王第15子毕公高受封于毕，其孙毕万在毕国被西戎攻灭后，投奔到晋国，成为大夫。因功，被赐魏地（今山西省芮城县西北）为邑，其后子孙以邑为氏，称为魏氏。毕万的后代魏斯建立魏国，是为魏文

侯。公元前225年魏国为秦所灭，其后亡国的魏国王族以国名为氏，此为魏姓最重要的一支。史称魏姓正宗。

②出自芈姓。据史料载，战国秦昭襄王时有国相、穰侯、昭襄王母宣太后异父弟魏冉，本楚人，为颛顼帝后裔，芈姓，后改姓魏。

③出自少数民族改汉姓或为少数民族固有之姓。如满族倭彻赫氏、佤族斯内氏，鄂伦春族魏拉依尔氏改汉姓为魏。另外，土家、蒙古、彝、回、朝鲜等族均有魏姓者。

【重要郡望】

巨鹿郡：秦置，治所在巨鹿（今河北省平乡西南）。相当于今河北省白洋淀、文安洼以南，南运河以西，高阳、宁晋任县以东，平乡、威县以北，山东省德州、高唐，河北省馆陶之间地。

任城郡：三国魏置郡，治今山东省微山县一带。

【历史名人】

魏征：馆陶（今属河北省）人，唐代名臣，相太宗，敢于犯颜直谏，有"兼听则明，偏信则暗"等名言。

魏源：湖南邵阳金潭（今湖南省隆回县）人，道光进士，近代著名思想家。他主张学习西方，提出"师夷长技以制夷"的思想。

四十七、吕

【吕姓来源】

今日吕姓遍布全国各地，其中以山东、河南二省居多。吕姓源出有三：

①出自姜姓，为炎帝之后。相传上古部族首领神农氏炎帝，居姜水流域，因此以姜为姓。后来姜姓后人发展出四支胞族既"四岳"，吕部族就是其中一支。该部落的首领在夏时被封为吕侯，建姜姓诸侯国吕国（在今河南省南阳）。春秋时，吕国被楚国所灭，其后子孙以国为氏，称吕氏。

②从魏氏分化而来。据史料载，春秋时期晋国（今山西省西南部）的吕氏系来源于魏姓。如晋大夫吕锜便属魏姓后人，而其子孙仍沿袭吕姓。

③少数民族或汉族他姓改姓。据史料所载，南北朝时北魏孝文帝迁都洛阳后，实行汉化，原鲜卑族之代北复姓叱吕氏、叱丘氏改为汉字单姓吕氏。五代后周时又改三字姓俟吕陵氏为汉字单姓吕氏。

【重要郡望】 ::::::::::::::::::::::::::::::::::::::

河东郡：秦置河东郡。治所在安邑（今山西省夏县西北），辖晋西南地区。

淮南郡：三国魏置，辖境均在今安徽省淮河以南地区。

东平郡：汉有东平国，南朝为郡，治无盐（今山东省东平东）。

金华郡：元末，朱元璋取婺州路，改为宁越府，旋改金华府，治金华（今属浙江省）。民国废府。

晋江郡：唐开元六年（718年）析南安县东南地置晋江市。泉州州治与晋江县县治同地。此时泉州领晋江、南安、莆田、龙溪、清源（今仙游县）五县。治所在今福建省东南沿海，晋江下游。

吕不韦：战国时秦丞相，被封为文信侯。门下曾有宾客三千，曾组织门客编著《吕氏春秋》。

吕布：五原郡九原（今内蒙古包头西北）人，一说山西忻州人，东汉末年名将，善弓马，力大无穷，时称"飞将"。

吕蒙：汝南富陂（今安徽阜阳东南）人，三国时东吴名将，在赤壁之战中与周瑜等大破曹军，后大败关羽，夺回荆州，在东吴堪称战功赫赫。

四十八、丁

【丁姓来源】::::::::::::::::::::::::::::::::::::::

目前，丁姓散布全国各地，以河南、江苏、山东、江西、浙江、贵州、吉林、辽宁省尤多，丁姓源出主要有三：

①出自姜姓。据史料载，姜太公之子伋，谥号为齐丁公，子孙以其谥号为氏，称为丁氏。

②殷商诸侯丁侯的后裔。据史料载，周武王讨伐殷纣时丁侯因不从而被周所灭，其子孙散居各地，部族仍以丁为氏。

丁汝昌旧照

③出自子姓。殷商开国君商汤本子姓，周武王封殷王

帝乙长子微子启于宋（今河南省东部和山东、江苏、安徽省间地），国人及宋丁公的子孙以其谥号"丁公"为氏，称为丁姓。

【重要郡望】

济阳郡：战国时为魏邑，西汉置县，治所在今河南兰考东北、山东省东明南境。晋惠帝时，将陈留郡之一部分设置济阳郡，治所在济阳。

【历史名人】

丁汝昌：安徽省庐江人，清末北洋水师提督，甲午战争爆发后，在与日军的威海卫一役中，拒降而自杀身亡。

四十九、任

【任姓来源】

目前，任姓广布全国各地，尤以河南、山东多此姓，其源出主要有四：

①出自姬姓，为黄帝少子禹阳的后代。据史书载，任氏是黄帝赐封的12个基本姓氏之一，其始祖为黄帝少子禹（禺）阳。周朝时的谢、章、薛、舒、吕、祝、终、泉、毕、过10个姓氏，最初都是由任姓分支出来的。

②出自远古妊姓衍传，与女性妊娠有关，可认为是母系氏族社会产生的古姓之一。人之所以得生，在于母亲妊娠，因生得姓。从母从女，为妊姓，后传为任姓。据《康熙字典》指出："太任，文王之母"；《汉书》中也有"美皇英之女虞兮，荣任姒之母周。"这位周文王的母亲

太任之为上古任氏之女，显而易见。

③出自风姓，为太昊氏之后，太昊就是上古的伏羲氏。据载，太昊氏之后被封于任城（在今山东省济宁一带），立任国。任国在战国时灭亡，其后代子孙遂以国名为姓，称为任氏。

④他姓他族改姓而来。如元代王信之子宣，为避难改姓任，其后代亦称任姓。另外古代少数民族如西夏、明代哈尼族有改任姓者。

【重要郡望】 ··

乐安郡：汉置，治所在临济（今山东省高青县高苑镇西北），三国时移治高苑（今山东省博兴县西南）。

东安县：南朝宋元徽四年，改东迁县为东安县（治所在今浙江富春县），次年仍复名为东迁县。隋开皇九年东迁县并入乌程县。宋太平兴国7年，分乌程县东南15乡置归安县。

【历史名人】 ··

任伯年：浙江省山阴（今绍兴）人，清代著名画家，擅画鸟、山水、人物，技法上有独到之处。

五十、沈

一三六

【沈姓来源】 ··

沈姓是当今中国排名第五十位的大姓，主要分布在河南、浙江等省，尤以浙江最多。沈姓源出主要有三：

①出自姬姓，以国为姓，是黄帝的后裔。沈本是上

古国名，最早是夏禹子孙的封国。周初时，武王死后，由年幼的成王即位，周公旦摄政。三监不服，与武庚（商纣王之子）勾结，联合东方夷族反叛，后被周公旦所灭。文王第十子季载平叛有功，被周公举荐为司空，后成王将其封于沈国，又名聃国。季载又称冉季载。聃又写作冉，古时，冉、沈读音相同。春秋时，沈国为蔡国所灭，季载之后子逞逃奔楚国，其后子孙遂以原国名命姓，称沈氏。

②出自芈姓，周代楚国公族封于沈鹿，因以获姓。春秋时，楚庄王有曾孙，名戌，在楚平王时任沈县（在安徽临泉县）尹，又称沈尹戌。沈尹戌后来任楚国左司马，他为人正直，疾恶如仇。当时有个佞臣叫费无极，专门陷害忠直的大臣。楚平王在他的蛊惑下，赶走了太子建，杀死伍奢父子。逼得伍子胥出奔吴国。后来费无极又勾结另一个大夫鄢将师害死左尹郤宛。因郤宛素来以廉洁出名，在楚国颇得人心。他的被害，激起了楚国臣民的极大愤怒。此时，沈尹戌便借助民众的力量，杀死了费无极和鄢将师。他也因此获得楚人的敬重。沈尹戌的后代也称沈氏。

③伏羲孙少昊金天氏之后。少昊金天氏裔孙台骀氏之后有人建立沈国，春秋时，为晋国所灭，子孙遂以沈为氏。

吴兴郡：三国时置郡，治所在乌程（今浙江吴兴南，晋义熙初移今吴兴）。辖区包括今浙江省临安、余杭、德清等地区，兼有江苏宜兴县地。

汝南郡：汉高帝时置郡，治所在上蔡（今河南省上蔡西南）。辖区包括今河南省颍河、淮河之间，京广铁路西侧一线以东，安徽茨河、西淝河以西，淮河以北地区。

沈括：浙江钱塘（今杭州）人，北宋科学家，所著《梦溪笔谈》涉及天文、数学、矿业、医药、物理等多方面，为后世科学进一步发展奠定了坚实基础。

沈雁冰：笔名茅盾，浙江桐乡人，现代著名革命文学家，代表作有《子夜》《蚀》《虹》《林家铺子》。

奇趣姓氏文化

奇趣姓氏文化

俗话说："身体发肤，受之父母。"其实不仅"身体发肤"，每人一出生，就从父母处"继承"了姓氏。可能很多人没有留意，就在我们身边有着一群拥有古代所谓贵姓或稀有姓氏的人，他们的姓氏或是读音很特别，或是有着独特的来历……因为这奇特稀有的姓氏，他们的生活中也发生着各种有趣的、烦恼的、开心的故事。

关于同名同姓的问题

中国社会科学院在2007年1月发布了用两年时间调查完成的《中国姓氏统计》，其中一个令人瞠目的现象是重名：在北京市，有6万名张伟，5.5万名王伟，5万个李静，5万个王静。当然重名现象不限于北京，几乎全国各地都有。

两个"毛遂"与两个"韩翃"

关于重名，历史上也有很多名人故事。战国时代"毛遂自荐"的故事人们耳熟能详，但很少有人知道，当时其实有两个毛遂。史料显示，以自己杰出的外交才能迫使楚国出兵后，毛遂回到了家乡，而他的主人平原君一直很想念他。一天，有人说毛遂不小心掉进井里死了，平原君非常难过，连声说："老天不助我啊！"可是，过了几天又有人说，掉到井里死的是邯郸郊外的一个乡下人，和门客毛遂同名同姓。平原君空伤心了一场。

中唐时，有一位有名的诗人叫韩翃，是"大历十才子"之一。他写过一首很有名的七言绝句《寒食》："春城无处不飞花，寒食东风御柳斜。日暮汉宫传蜡烛，轻烟散入五侯家。"有一年，制诰这个职位有了空缺，唐德宗点名让韩翃补缺。可吏部一查，发现有两个在职的韩翃，只好呈上两人履历，请皇帝定夺。唐德宗批复道："春城无处不飞花，寒食东风御柳斜。与此韩翃。"这样，吏部就知道补缺的该是哪个了。

重名现象带来的不便可谓数不胜数，而在当代尤为突出。仅举一例，有人因为和全国通缉犯同名，结果每到一地，都被当地公安机关逮捕，无端吃了不少苦头。

为什么会出现如此多的重名者呢？中国的大姓集中是一个重要原因。目前王、李、张三大姓总人口已达2.7亿，排名前100位的大姓覆盖了总人口的84.77%。而现在人们取名方式日趋雷同，人名用字却随着汉字的简化越来越少，单名的比例也越来越高。这样一来，姓本来就相对集中，名也起得相对集中，重名肯定就多了。

避免重名的绝招 ::::::::::::::::::::::::

重名会给人们的生活带来诸多不便和不必要的麻烦，甚至会给社会带来不少的混乱。尤其在如今这个信息时代，大姓里的重名太多，势必会给通讯联络、户籍档案、统计管理、历史考证带来种种麻烦。因此，怎样避免与他人重名，也成了父母给孩子取名时的一大问题。

为了避免重名，新世纪的人们想出了各种千奇百怪的起名绝招，以下几例你可以作为参考，也可看后一笑置之。

带英文字母的姓名：赵一Ａ

在新网络E时代，名字加上英文字母已经不是令人奇怪的事。赵一Ａ是某大学大一学生。他成绩好，名字出彩，是学校的明星，无人不知。据说当年其父为了让他年年成绩拿第一，取名"一"。父亲又觉得不保险，怕日后学校制度西化不排名次，于是在"一"后再加上个"Ａ"，以防万一。

尹林光子：两个字的姓并不是复姓

尹林光子是2006年杭州赛区超女。父姓尹，母姓林，之所以取名光子，据说她生于八月某个月光特好的晚上，"光子"意为"月光的孩子"。其名或为体现男女平等观念，或有学日倾向，或为了避开重名？也许是兼而有之吧。

张伟新鹏：俗名添新意

张伟新鹏是某政府公务员。本名叫张伟，因为总被人编号，感觉不爽，在户口簿姓名旁边一栏增加了一个别名"张伟新鹏"，于是再也没人给他编号了。

刘喆喆：明知山有虎，偏向虎山行

虽然陶喆的名字让"喆"字从生僻字走向了大众化，但不少电脑输入法中仍敲不出来。刘喆喆现在已一周零四个月大了，他还不知道自己的名字用"智能ABC"只能写成"刘吉吉吉吉"。父母都喜欢哲"zhé"这个音，又不想和大多数的"哲"一样，于是就选了"喆"字，又怕和别人重复，才用了两个"喆"字。相信这样应该就没有重名了！

①不宜用生僻字。这样难以被人认识，容易被人拒绝，妨碍人际沟通。

②学名不宜带稚气。否则当小孩长大后，容易被人小看。

③考虑书写习惯。平时写字，大家都有简单化的倾向，故用字不宜太复杂或难写。在签名的时候要特别注意轻重平衡，字形要有美感。

④避免使用相同或相近部首的字；避免声母，韵母相似；避免声调相同，无语音之美；分清阴阳，阳盛取阴名，阴盛取阳名。

奇僻姓氏引出百味人生

中国的姓氏文化已经经历了数千年的演绎、发展和变化，其内涵十分丰富。随着朝代的变换与更迭，民族的融合与交流，许多姓氏已湮没在时间的长河中。同时，又有一些新的姓氏在历史进程中产生，其中也包括稀奇古怪的奇僻姓氏。在古往今来的几千个姓氏中，奇僻姓氏不少，若分门别类地略加收集，就会发现其中有很大趣味性。

奇僻姓氏分类 :::::::::::::::::::::::::::::::::::::::

①数字姓氏：

一、二、三、四、五、六、七、八、九、十、壹、贰、叁、肆、伍、陆、柒、捌、玖、拾、零、百、千、万等。

②时令、节气、气象姓氏：

春、夏、秋、冬、阴、阳、日、月、年、岁、季、时、分、秒、风、云、雷、电、雨、雪、冰等。

③方向、方位姓氏：

东、南、西、北、上、下、左、右、前、后、高、低、东方、西门、北宫、南郭等。

④历史朝代姓氏：

夏、商、周、秦、汉、晋、魏、蜀、吴、梁、齐、陈、隋、唐、宋、元、明、金、清等。

⑤行政区划简称姓氏：

京、津、沪、冀、鲁、豫、苏、皖、晋、桂、湘、鄂、闽、川、浙、甘、宁、陕、吉、辽、黑、台等。

⑥民族称谓姓氏：

汉、满、蒙、回、藏、苗、彝、侗、瑶、白、黎、土、羌、怒、壮等。

⑦行业姓氏：

工、农、商、学、兵、艺、师、陶、铁、医、干、战、药、屠等。

⑧颜色姓氏：

赤、橙、黄、绿、青、蓝、紫、红、黑、白、灰、乌、丹、朱等。

⑨天干、地支姓氏：

（隋）四兽纹铜镜

甲、乙、丙、丁、戊、己、庚、辛、壬、癸、子、丑、寅、卯、辰、巳、午、未、申、酉、戌、亥等。

⑩五行、五常姓氏：

金、木、水、火、土、仁、义、礼、智、信等。

⑪五音、五金姓氏：

宫、商、角、徵、羽、金、银、铜、铁、铝等。

⑫传说四兽及现实动物姓氏：

龙、凤、麟、鹤、熊、虎、狼、狐、蛇、猴、虫、鱼、鸡、鸭、鹅、猪、狗、牛、羊、马、驴、猫、鹿等。

⑬五岳、江河姓氏：

泰、华、恒、衡、嵩、江、河、湖、海、湾等。

⑭五谷、百果姓氏：

禾、麻、黍、稷、麦、豆、桃、李、杏、梨、果等。

⑮花草树木、自然现象姓氏：

松、竹、梅、兰、菊、霞、风等。

⑯人伦、亲属姓氏：

祖、宗、父、子、公、孙、叔、伯、姥、娘、姑、姐、哥、妹等。

⑰人体部位姓氏：

头、骨、耳、目、口、舌、齿、胆、足、皮、毛等。

⑱卑微姓氏：

杀、死、丑、打、骂、不、黥、尵、蟒等。

（明）雕漆龙凤圆盘

北宋画家米芾《春山瑞松图》

⑲军队编制姓氏：

军、师、旅、团、营、连、排、班、士、帅、将、校、尉、兵、卒等。

⑳食物及用具姓氏：

米、饭、茶、酒、烟、糕、盆、钟、镜、柴、烛、枕、席、秤、伞、碗、盘、剑等。

㉑人体动作姓氏：

开、关、问、听、打、杀、扔、扑、扫、拍、拉、抱、吹、吼、爬、看等。

此外，还有一些罕见的姓氏，如古代有一个人给最后出生的儿子命为"尾生氏"；周穆王因宠姬早卒，哀痛不已，改称其族为"痛氏"；汉代有个人因不知自己的姓氏，干脆以姓为姓，称为"姓"氏。除此之外，还有姓"村""国""共""工""猾""弦""答""豪""砍""台""仙"等稀有姓氏，其来历因时间久远已不可考。

稀有姓氏的故事

"阙、刁、良"的烦恼

江苏媒体曾经对本省的一些稀有姓氏做过一系列的报道。如南京市溧水和凤镇，有位叫阙和平的男士。童年时，小伙伴们开玩笑地喊他"缺德鬼"，不料这一叫法竟延续至今。现在，认识他的人都不喊他的名字，而是叫他"缺德鬼"。

在南京市凤凰街，有一位名叫刁实诚的先生。因为"刁"有刁钻、奸猾的意思，为了不给别人反感，家人给他和另外两个兄弟取名，颇费思量，新华字典翻了好多遍。最后，分别给他们取名叫刁实诚、刁实谦、刁实谊。这几个褒义词，在一定程度上抵消了刁姓给人的坏印象。

南京市某家饭店有一个叫良菁菁的女孩，按照惯例，大家一开始都叫她小良。后来，有一个同事说总感觉在喊她"小娘"。不少男同事还干脆开玩笑，喊她"小娘子"。总之，不管是现在被大家叫作小良，还是将来被大家叫作大良、老良，她都觉挺尴尬，因为听上去像在叫"小娘""大娘""老娘"。别人喊她的名字，也感觉很吃亏。现在，大家都不叫她的姓了，改叫她"亮晶晶"。

莫名其妙的"鸡、危"

人类历史发展到一定阶段，鸡和妓女竟然莫名其妙地产生了联系。但是偏偏就有人姓鸡，这令他们感到难堪和怨恨。鸡姓人多分布在广西的江平、江龙、东兴、东郊等地，较集中的村有那漏村、横隘村等，鸡贤益的家就在江平镇横隘村，这个村共有400多人姓鸡。好多姓鸡的女孩子外出打工都不好意思说自己的姓，所以都改"奚"姓了。

在广西南宁市长堽路有一家"危宿登诊所"，许多人心里很纳闷："难道是危险宿舍楼？""危房还开诊所？"其实，危姓的祖辈是甘肃人，明朝末年第一代来南宁定居的叫危碧基，到危宿登已经是第22代了。现在他们同族的人已经着手编写族谱了，族谱记录着全国各地姓"危"的人，而且资料还很详尽。危医生开诊所已有20多年，虽然诊所的招牌会令人"胡思乱想"，但高超的医术还是为他赢得了好口碑。

"练、花"的趣事

广西容县有一个叫练新颜的女研究生，从小到大，她从未遇到和她同姓的人。家里没有祖谱，所以这个姓氏的来源也无从考究了。练新颜因为自己特别的姓氏也遇到过不少麻烦事，每一次遇到新结识的人，她在自我介绍后，别人常常会错听成姓"廖"或和别的音类似的姓。如果是她签名，别人又往往会看成是姓"陈"，并提醒她是不是字迹潦草写错了，经过练新颜一番解释后，对方通常是一副夸张的表情。练新颜虽然年轻，却已是两个孩子的妈妈了，大女儿出生后，练新颜就让女儿随了母姓，希望女儿能将这一姓氏延续下去。

　　而在江苏南京有一个叫花正飞的大学生，因为姓氏稀有，一开学，全班100多个同学很快都认识他了，老师对他印象也特别深。有时上课回答问题，老师叫不出其他同学名字，总是会喊"花同学后面的同学"或者"花同学左面的同学"，这让花正飞同学每次都在心里捏了一把汗。

书目